U0069384

各位先生，天亮了！！
喝醉的字在O裡散步
應無所住的心
王明智、蔡文瑞、陳瑞君、李芝綺、
陳建佑、許瑞琳、王盈彬、翁逸馨、
黃守宏、徐溢謙、劉玉文、郭淑惠、
劉又銘、莊麗香、蔡昇諭、陳婉容、
蔡榮裕

我無法愛那存在於每一生命之內的樹，
一旦它微小的秋天在肩上（一千片葉子的死亡），
所有那些假的死與復活——
而不想到大地，不想到深淵：
我期望在最浩闊的生命裡游泳，
在最澎湃洶湧的出海口。
而當，逐漸地，人們開始否定我，對我
閉絕他們的門路令我散發活力的手無法
碰觸他們受傷的內在，
我乃一街一街，一河一河，
一城一城，一床一床地走著，
我滲雜鹽味的面具穿越過沙漠，
而在最後一個受辱的村落，沒有燈，沒有火，
沒有麵包，沒有石頭，沒有安靜，我
獨自流浪，死著自己的死。

（聶魯達，馬祖匹祖高地、陳黎、張芬齡／譯）

目錄
CONTENTS

目錄
CONTENTS

序一

滿載而歸的學習之旅

莊麗香

很高興能參加《薩所羅蘭》以文會友的活動，豐富且多元的一場學習之旅，研討主題以Joyce的《芬尼根守靈：墜生夢始記》、比昂思想理論與《金剛經》三種題材作爲閱讀思考來交流，這三者各有奧妙艱深難懂之處，讀起來相當不易，但很有意思的是大家各自切入的角度不同，帶來更豐富多元的觀點，讓艱深的題材變得有趣，也讓學習收穫滿載。

我個人覺得這次的學習題材可以組合成一個三角關係圖，Joyce的《芬尼根守靈：墜生夢始記》代表人的苦，用文字密碼將人世間的各種愛恨情仇濃縮呈現，由於過於濃縮變形，使得讀者在閱讀過程就先感受到無以名之的苦與混亂；《金剛經》代表從靈性層次的介入協助人們「離苦得樂」，常以辯證方法進行思考，能夠悟出諸「相」、「非相」、見「實相」與「空性」，便有機會藉由般若智慧度苦海到達彼岸；比昂思想理論是心理治療層次的介入，協助人們看見苦的眞實面，用思考涵容苦，然後得以活出在苦的眞實面底下同時存在的神祕或無限潛能。

能夠形成上述心得主要來自以文會友活動促進的思考學習，尤其對比昂的思想理論也因爲此次活動延續去年9月的討論而有時間與機會更進一步的了解。除了比昂的思想理論之外，能細嚼慢嚥的學習《金剛經》，並體會其中的般若智慧是很棒的經驗。如果不是蔡榮裕醫師把《金剛經》納入討論題材，我不知道是不是有機會去研讀佛經，是不是有機會跟《金剛經》有靈性層次的交流，所以覺得感恩。

然而我也發現收穫還不只這些，對於表達自我思想很害羞但又喜歡思想交流的我來說，這個過程與體驗可以用一個比喻來描述：我愛唱歌但不太會唱，被一個歌唱社團邀請，慢慢學會了唱歌。所以感謝蔡榮裕醫師與《薩所羅蘭》給的機緣！相信閱讀此書的讀者，也將以另一種促進思考的方式獲得學習與思想的激盪。

莊麗香

諮商心理師

臺灣精神分析學會會員

《看見心理諮商所》諮商心理師

《鉅微顧問管理公司》特約心理顧問

臺灣精神分析學會推薦精神分析取向心理治療師

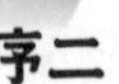

序二

樂音、雜訊、誦經

許瑞琳

《崔斯坦與伊索德》是歐洲中世紀家喻戶曉的傳說，準備下嫁英格蘭馬克國王的愛爾蘭公主伊索德，與護送她的崔斯坦爵士（馬克國王的姪子）墜入情網，兩人一波多折、不能長相廝守、最後殉情的淒美故事，華格納將這個傳說改寫爲歌劇，因爲他在當時愛上好友的妻子，在最後一幕，崔斯坦身負重傷只對趕來相會的伊索德叫喚出她的名字就死去了，伊索德傷心至極，唱完絕美的詠嘆調《愛之死》，追隨崔斯坦死去，指揮家卡拉揚用這齣劇告別舞台，李斯特將這幕劇改寫成鋼琴版本，而這首曲子是鋼琴家霍洛維茲的絕響之作，他在演出後四天過世。是什麼樂音讓音樂家願意用生命的餘燼爲之燃燒殆盡？曲子裡爬升的半音代表渴望，同時伴隨下滑的半音代表失落，這組不和諧的和弦在指尖反覆遊走著，重複著這樣的渴望和失落，綿延無止盡的「無限旋律」牽引我們越走越遠，卻得不到解答，好不容易兩人相遇了，激盪著熱情的火花，旋即被打斷，又重複數次，音符越來越炙烈飢渴，有限的生命終究是無法滿足愛慾的，直到最後一刻，死亡猶如天降

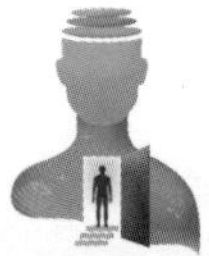

甘霖，甜美的融合音在乾涸的沙漠竄流開來，讓人無法懷疑死亡是唯一的眞理，能得到解脫、無限的愛、永恆的融合、以及和諧的秩序，這個旋律深深影響了希特勒，他成爲華格納和死亡的信徒，他在最後一天，先跟情人伊娃舉行婚禮、再雙雙服毒自盡，當時播放的音樂正是華格納的《愛之死》。猶如走進富士山腳下的青木原，日本著名的自殺森林，肥沃的火山土壤造就這片綠葉茂密的森林，樹根盤纏交錯、鋪滿苔蘚，就像內心找不到出口的迷宮，既然如此乾脆待下來吧，在日本神山下死去，是多麼寧靜美好，就將「我」溶解吧，甘心臣服在死亡迷人的樂音中。

但是喬伊斯吵死了！

崔斯坦爵士，柔音中提琴摧花手，在歷史永恆回歸中的某個時代，以上帝之姿行海盜之實，從北阿莫里卡遠渡愛爾蘭海裂波碎浪而來，尚未曾再度抵達彼岸濃情蜜意之小歐羅巴邋遢破敗瘦骨嶙峋的地頸，也尚未會再度以統治者之名以監禁伊索德為由發動他的半島戰爭，揮舞著孤挺超屌的鐵桿長槍，直如筆迅如矢，一場狂野的戰鬥，口中噴出乳白星沫，「非降即戰！」《芬尼根守靈：墜生夢始記》第一頁他嘰哩呱啦在吵什麼？整本書布滿難以理解的雜訊，嘮叨不休，從書開頭貫穿到書尾句點的利菲河叨叨絮絮地流著、勤奮地流著，他就像個在河邊洗衣的老媽子，把全人類的污穢和罪惡全拿來洗了，一邊洗一邊講著故事和道理，細數哪裡少了一顆扣子、哪裡脫了線、這個髒是踩到鄰居家的狗大便、這片血是撞到自家門染上，即便人類這麼不聽話讓人失望，他從不放棄，繼續用力地洗，要把血漬污垢盡可能地洗乾淨，先用衛星天線將洪荒以降所有的雜訊收編進來，再用充滿雜訊的收音機大聲放送，要謹記歷史的教訓啊！雖然他知道人類終究會再犯錯和摔跤的，但他從不放棄，繼續像老媽子一樣提醒別忘了帶零錢書本和眼鏡，在死神面前他顯得如此可笑啊！一戰和二戰後的歐洲整片焦土廢墟，喬伊斯像是掙扎出頭的雜草，旺盛的生命力，讓路過的人類忍不住停下來摸摸他，摸的同時內心乾涸的井竟也汩汩滲出水來，邊笑邊嘆息邊嘴巴咕噥著這是什麼吵雜的書啊！

「世尊說我見、人見、眾生見、壽者見，即非我見、人見、眾生見、壽者見，是名我見、人見、眾生見、壽者見。」

「一切有為法，如夢幻泡影，如露亦如電，應作如是觀。」《金剛經》

東方的佛教安靜多了，空性慈悲地陪伴我們2500多年，歷經多少戰亂和顛沛流離，撫慰多少人心，有多少人一遍又一遍抄寫著《金剛經》，盼望在金剛智慧中明心見性，破除事相，化解一切煩惱，爲了求得自在無礙，一遍又一遍的誦經，規律的節奏像是在子宮中聽著母親的心音，我們被溫柔地包覆起來，隔絕了塵世的喧擾和苦痛。科學研究證實心跳聲、海浪聲、雨水聲這些規律的大自然聲響有舒壓催眠的效果，因爲很規律，就像一堵牆一樣可以把你包覆在裡頭不會受到外面不規律、突如其來的聲音干擾，讓你平靜放鬆、有安全感。人性既存的死亡本能，向外攻擊和殺戮、向內自責和自殺，讓人類不得安寧，而古老的《金剛經》早在幾千年前就創造了這些規律的誦經音律，像個偌大的子宮包覆著東方淨土，超度人性的陰暗，讓人的心靈可以重新投胎轉世。

「所有一切眾生之類，若卵生、若胎生、若濕生、若化生，若有色、若無色，若有想、若無想、若非有想非無想，我皆令入無餘涅槃而滅度之。」《金剛經》

在佛教要達到涅槃首要是破除貪嗔痴、滅絕一切煩惱和刺激，但人性就是會有生死本能和各種慾望，所以要去掉我、無我才能達到涅槃。自殺也是爲了殺掉自我和痛苦，讓一切刺激歸零，投向涅槃。獨裁和戰爭美其名也是爲了創造一個理想的秩序、趨向涅槃的樂音。那是不是多多誦經洗滌人心，是不是多聽聽喬伊斯的雜訊開懷大笑，浸入他所營造的包羅萬象、萬物合一、無邊無際的海洋感覺裡，一樣符合離苦得樂的涅槃原則，就不會有戰爭了？戰爭讓佛洛伊德爲了躲避猶太屠殺差點服毒自盡，戰爭讓比昂上了兩次戰場，沒有戰爭或許就沒有今天精神分析的深度，佛洛伊德或許不會提出死亡本能，比昂或許不會窮極一生探究O（origin），終極現實、神性、眞理、無限、或物自身。

而我們試著用我們的有限去接近黑暗無聲宇宙的無限，試著在無重力的死亡國度用力投擲個什麼看看能不能擦出一點點光亮，雖然沒有像喬伊斯這樣衆聲喧嘩、沒有像《金剛經》這樣空靈聊慰、沒有像比昂這樣在星空中畫出一個個的符號，我們只能提供接地氣的O，讓你坐上安全充氣艇O，儘管放鬆在我們共創的心智漂漂河探險，有驚聲尖叫屍橫遍地的戰場，有各種扭曲變形的綺麗夢樂園，有石破天的石壁，有摩斯密碼的解密，有AI虛

擬世界，有孫悟空72變，有孟德爾的豌豆，有出走的網格……，暢遊完16種O的多重宇宙，回到原點，也許你也會想建構一趟自己的心智漂漂河～

許瑞琳

精神科專科醫師

臺灣精神分析學會會員

台中心身美診所醫師

精神分析取向心理治療師

序三

那一天，在雲端，說夢語

郭淑惠

國中時，很羨慕身上有一台隨身聽（walkman）的同學，那是件很酷炫的事，當時我跟爸爸說想買一台，他沒回應這件事，反而跟我說以後錄音帶都會不見，會被「光碟片」取代，那是圓形薄薄一片，可以存進更多的歌曲，那時覺得像天方夜譚，只是他不想買給我的託詞罷了。幾十年後，當年的失望和渴望的隨身聽早已被成長的浪潮衝得不見蹤影，光碟被雲端空間取代了。現在不需出門，只需在個人手機上點一下螢幕便將影片送到眼前，小時候周末，一家人到百視達挑片子租錄帶是古老的回憶，像很遙遠的過去，就像爸媽說他們小時候要開灶煮飯，一切的改變在一剎那間，人事已非，何者爲是？所謂的先見之明，需要一個未來人的未來思惟。

三月在山風頻道《心理的午餐》時段，和蔡榮裕醫師一起談Bion Transformation in O，他指出Bion晚年在精神分析的立論上起了很大的變化，有些人以爲他瘋了，但就是因爲他當年堅持走得更遠，現在我們才能跟著他的腳步有更多可能去想。我很開心自己在精神分析圈子中先交了佛洛伊德這個朋友，最近又認識Bion這個怪咖，他很有勇氣，是我心中的未來人，他信任自己的直覺，勇敢地跳躍到另一個時空。2015年4月24日女太空人Samantha Cristoforetti在國際太空站，朗讀了但丁《神曲》（La Divina Commedia）的片段。她選擇的是《天堂》（Paradiso）第一章，但丁飛昇向著神界的光、女太空人升空到深奧宇宙、比昂探究終極眞理之處，只是不知道返回人間如何用語言述說：

此刻我置身神光最亮的區域，
目睹了那裡的景象，再降回凡間，
就不能—也不懂得—把經驗重敘。
因為，我們的心智朝著欲念
靠近時，會潛入極深處行進，
使記憶無從追隨而落在後面。
（但丁《神曲3：天堂篇》黃國彬譯本）

這場以文會友討論的文本包括《芬尼根守靈》、《金剛經》及比昂的「O」，這三者搖滾撞擊發酵，烘焙後嘗起來的味道，像是電影《媽的多重宇宙》（Everything Everywhere All at Once）的貝果（everything bagel），O的造型，體驗平行宇宙的多重人生，芬尼根wake中的文字，跳躍在不同國家語言，被解構重組，大玩語言文字遊戲，這一切都在空性之上。過度智性的推敲理解是烤過頭的焦燥貝果，順隨意識自由流動才能玩味貝果眞滋味。一群人分享著自己口中貝果的滋味，思想者將思想以文字傳上雲端，在雲端召開視訊會議進行交流，正如電影的結尾出現「天馬行空」四個字，三月十九日這一天，我們在空中行天馬，說著夢語。

註：黃國彬（譯）（2003）。《神曲3：天堂篇》（原作者：Dante Alighieri）。台北：九歌。

郭淑惠

諮商心理師

新竹《心璞藝術》心理諮商所所長

精神分析取向心理治療師

臺灣精神分析學會會員

臺灣藝術治療學會專業會員

臺北市立聯合醫院松德院區《思想起心理治療中心》

心理治療專業督導

台北市立大學教育學系教育心理與輔導組博士

聯絡方式：xinpu48@gmail.com

前言

蔡榮裕

要把喬伊斯的《芬尼根守靈》、《金剛經》和Bion的O，放在一起經驗和想像，起初是有著錯覺做起點，只是依稀覺得它們之間是有些共同，也有差異，混合著人世間的迷和謎。雖然它們在不同的時空下，出現在不同的領域裡，就像是風馬牛原本就不相及，但是當風馬牛被牽涉在一起後，它們之間的相及關係，就成爲需要探索的人生之謎。尤其是比昂晚期的no memory, no desire，和《金剛經》「應無所住而生其心」的對話，似乎是接近「應無所住」，但是「無住」之後，如何生其心呢？那是什麼樣的心呢？

如同過去、現在、未來的種種人事物，原本不相及卻被牽涉在一起，或原本相關的卻被打斷它們的聯結，這些都是人世的謎和迷。因此是在迷路裡尋找出路，是在謎題裡探索眞相。

諾貝爾文學獎的貝克特（曾是喬哀斯的文學助理，也參與《芬尼根守靈》的書寫過程。）這麼說：「活生生的文字用它們的手肘相互推擠著進入《芬尼根守靈夜》的書頁，然後發光，然後發熱，然後黯淡，然後消失。」

就從未知出發，也許我們結伴交流，就因為我們對於未知的反應和處理方式的不同，讓我們有機會相互讓別人以新的方式，看見原本未見的細微。我們就自然地讓自己從和他人的不同出發，設想和描繪這些未知裡，依稀有著如浮水印般的脈絡。如比昂所說的，雙眼的望眼鏡看向遠方，或者如顯微鏡般踏進細微的大千世界，從出生到長大的苦和失落，呈現在人格裡的跡象，就是我們的大千世界。

雖有八個子題目做為刺激思索的起點，不過不必然那是唯一的依歸，你可以依著你原本的才情和想像，談論你所閱讀到的文字。畢竟那些文字雖是文明的產物，但它們也需要我們的狂野想像，來讓它們的活力再現，而不是讓經典變得老態龍鍾。（哈，突然不知為什麼要「龍鍾」呢？）畢竟各位有著原本不同的起點和依歸，例如榮格的論點或藝術治療的想像等等，雖然診療室裡能做的有限，但是在這裡我們的想像力可以是無限的。

只因這些討論還不是結論的時候，因此還沒有標準的答案，有的是無窮的想像和細緻的心思。這八道題目雖有順序給不同組別，不過大家是可以相互拿來使用的，或者也歡迎其它的想法。這些題目的前四字，是刻意如喬哀斯把玩字詞的顛倒，另四個字是取自《金剛經》，而最後則是設法和比昂的概念親近，不過也希望不要被我的文字給侷限了。

第一章

經讀閱驗：夢幻泡影，住進一場夢裡解決人生裡的閱讀經驗

王明智

前言、新路瀝成，書寫中……

很高興今天有這個機會來跟大家交流，我在準備這次的素材時，不知道比知道多太多，思考也凝固成一攤死水，因此期待藉由跟大家對話，讓死水變成活水（transformation）。

爲了理解文學界的天書，我特意看了不少參考資料，許多跟學者交流芬尼根的影片有關，愈看愈發恐懼，主要原因是覺得這本奇書翻譯之不可能，似乎會減少讀者transformaion in O（T（O））的可能，如果少了T（O）的過程，如何可以體會這本書的眞諦？

但另一方面，以我的先備知識來說（特別是語言這方面），這些學者要忙上數年，靠著群策群力完成的理解工作，要靠我棉薄之力完成，可勘螻蟻對巨象的征戰。

這種自戀的挫敗，也是很多學者的共通經驗，雖然

後來經過一連串的痛苦掙扎總會導致新奇與樂趣，滋生出玩性。可惜以這次的準備時間來說，恐怕無法達到這種境界；但這也是可以期待的事，因爲薩所羅蘭策畫的這次對談，讓喬伊斯與芬尼根成爲自己文學閱讀生涯一份巨大的禮物。

無論如何，對於全能自大與自戀的破除，讓我慢慢接受，從這種有限感出發，從而感覺到團體的重要，人與人之間相生相依的重要。這就是我定位這次工作坊對談的起點。

Transformation in O（T（O））與Transformation in K（T（K））

這次書寫，對我最大的收穫主要在於理解T（O）與T（K）。對我來說，特別著重於分析師與治療師的認識論與認識歷程。簡言之，借用上次工作坊的比喻，如果等待果陀像是等待詮釋，那分析職人可以做甚麼來促進這個過程？

我們都知道，改變發生最重要的兩項因素是體驗與反思，恰好這就是我對T（O）與T（K）的看法，兩者相輔相成缺一不可。

特別是精神分析來說，我們常被提醒「此時此地」的重要，這項提醒背後其實賦予了「體驗」T（O）的深意。我們會用各種方式來說明分析會談的體驗：抛接球、遊戲被動（接受）、懸置、成爲。我聽過一種更傳神的說法，就是走進會談室中，變得像個瘋子，卻在日常生活愈發清醒。

而甚麼叫做走進會談室？於我就像走進人性的劇場，進入一個「空的空間」（註一），在這個空間裡頭未知與留白如此重要，如此才能等待故事發生。

或者有人說，分析會談就像一場夢，這種比喻的好處是，我們對夢比較會帶著T（O）的心情，而非把一切說實說死。

不管用哪種想像與比喻，都是爲了促進個案的移情可以發生，像是引蛇出洞一般，讓這種體驗得以被烘托出來。

而分析的設置（特別是內在設置，或者說分析態度）可以促進這個過程。

之一、醒夢：應無所住，而生其心

「我們凡夫也不妨練習『無所住而生其心』，最初可

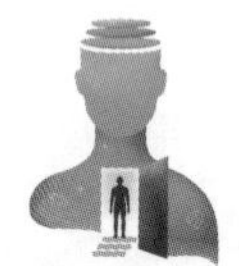

能比較困難，但是時間久了，就會把世間的人、事、物看作如幻如夢如演戲。你會非常認真地演好目前的角色，但很清楚自己是在演戲，那就不會受到利害、得失、你我、是非的影響而煩惱不已。」——摘自《聖嚴說禪》

聖嚴法師的這段話，在在讓我想到Bion說的醒夢（waking dream）；通常我們作夢比較像是金魚在魚缸，並不知道自己被侷限在小小的世界裡；而分析治療中治療師的位置，比較像是從魚缸外面觀看，進而去描述金魚在魚缸的處境。

而當我們把此時此地的體驗，經歷爲一場清醒夢時，我們可以同時是在魚缸的魚，又是魚缸之外的治療師。魚缸內的侷限性，主要是受制於慾望法則（我執），也就是聖嚴法師說的：「利害、得失、你我、是非的影響。」用分析的話來說，有點接近於佛洛伊德說的「longing for?」（對固定客體的慾望投注，進而滋生出感情），當這個慾望太過強烈，沒有彈性也沒有其他路徑時，很容易就會變成無法哀悼的固著（fixation），如此流暢的河流漸漸也鬱積起來，活水也會變成死水。

當然佛法有許多方法來對治因爲慾望而起的種種煩惱，還有對於般若智慧的阻礙。而精神分析主要透過詮

釋，藉由從外面看著金魚缸的觀點，主要的作用便是要修通這個鬱積的汙泥，讓河水可以再度暢通起來。（註二）

當然醒夢的比喻還有一個好處，誠如聖嚴指出的，不會讓我們太過執著慾望的得失，藉此產生過多的防衛，而是讓我們可以去擁抱得與失，經歷它，從經驗中學習。

換句話說，醒夢的位置也爲我們準備某種無憶無欲的分析態度。

「根據這一點，我的聲明是，人必須『夢見』當前的情感體驗，無論它發生在睡眠還是清醒的生活，皆可如此重新表述：人的阿爾法功能無論是在睡眠還是清醒，都會將相關情感體驗的感覺印象轉化爲阿爾法元素，這些元素快速增加凝聚，形成接觸屏障。」（王明智，譯自Bion, W. R.（1962）Chapter Ten. Learning from Experience 3：24-27.）

之二、醒夢的書（Adam savage和Vicki Mahaffey對談）

網路上有一個學者叫Adam savage，爲了要開始閱讀《芬尼根守靈》，開始製作一系列的YouTube影片，爲了接近這本人人望而生畏的天書。他不從文本開始，而

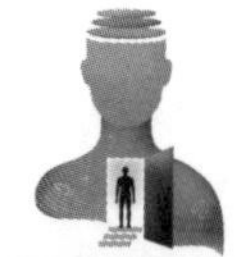

是從各種參考資料：改編電影、註釋解析等……，逐漸去靠近芬尼根。這系列影片的第三支，在他看了一個不知所云的改編電影後，爲網友找到一位喬伊斯學者Vicki Mahaffey，向她請益。（註三）

他們的對談非常有趣，這種對談的形式當然也很接近今天的工作坊。他們談到芬尼根是一本有關作夢的書，Vicki認爲喬伊斯在創造小說奇特文字的時候，把文字弄得像做夢一般，讓我們無法一下子掌握。

因此，如果要走傳統學者頭腦至上的老路（-K），恐怕只會撞得滿頭包；因此，想要駕馭芬尼根，除了需要在語言上博學多聞，還要有靈活與彈性去轉化這些扭曲如夢，或者具有創意的文字結構。於是閱讀芬尼根不僅透過眼睛，也可以透過嘴巴的閱讀去轉化，或者乾脆唱出來，或者舞動而出？

換句話說，閱讀芬尼根恐怕是要透過意識流的技巧去捕捉眼耳鼻舌身意的細膩過程，再透過色受想行識（五蘊）去轉化，於是我不禁想問：難道喬伊斯爲我們創造某種醒夢的體驗嗎？逼得我們不得不放下我執（特別是對於-K的執著），進而達到無憶無欲？（註四）

之三、黑暗之光

Vicki Mahaffey說：這不是一本帶著最大愉悅閱讀的書，而是一本需要共同閱讀的書。它是一種語言的彙編，就像把純粹的英語透過菱鏡折射，卻變得更加黑暗而難以穿透。而在這種黑暗之中，會有某種閃耀的東西；就像站在夜空下，適應之後會發現，頭上滿布浩瀚星空（雖然黑暗還是主要的體驗）。

有時候需要倒著讀，就像閃族語言，DOOMLOT原來是TOLMOOD。就像字謎遊戲，角色，符號，所有一切就像語言分子重新排列組合的過程；人物不斷地重組變形，不像我們期望的那般具有連貫性。

Vicki Mahaffey說：你必須用所有你知道的東西擦去你的光彩。（多美的一句話）

讀著讀著你會覺得有趣，不會因爲讀不懂而焦慮，反而促進我們的愉悅，特別是那種對未知事物保持開放的愉悅。

書的循環結構也意味著一種提醒，你以爲你走到事情的終點，而它或許只是一個起點……

之四、思想起

Yes, tid. There's where. First. We pass through grass behush the bush to. Whish! A gull. Gulls. Far calls. Coming, far! End here. Us then. Finn, again! Take. Bussoftlhee, mememormee! Till thousendsthee. Lps. The keys to. Given! A way a lone a lost a last a loved a long the riverrun, past Eve and Adam's, from swerve of shore to bend of bay, brings us by a commodius vicus of recirculation back to Howth Castle and Environs.

以上段落看來行雲流水，我們跟隨著喬伊斯的鏡頭順著麗菲河的流向，穿越灌木叢，聆聽沙鷗遠揚，從海岸的逶迤到港灣的曲折，攜同我們沿著罪惡相生一再循環的寬敞街衢迴轉到霍斯城堡及其領地。（註五）

但你可知後段其實是小說的開頭？前段才是小說的結尾？尤其是結尾結束在the這個定冠詞上。

這種無始無終的循環結構予我們某種提醒：無論我們如何了解，此時此地的現象僅是一連串轉化的某一點；這也有點像是夢的結構（佛洛伊德形容夢的結構就像菌覃與菌絲，表面的菌覃往下探索，可以深入地下無窮的菌絲），沒有絕對而終極的理解。

寫到這裡，不禁想起以往我對《思想起心理治療中心》的一個聯想：每一個想法的終點，只是一個起點，如此循環不已……也誠如Bion所言，人是轉圈圈的動物。因此，可以在診療室營造一個可以一直想下去的夢空間。而每一個此時此刻的節點既是終點也是起點。

這也很像《芬尼根守靈：墜生夢始記》的故事開頭：搬運磚瓦的工人芬尼根從梯上跌落，大家都以爲他死了，守靈時灑在他身上的威士忌酒香卻刺激他甦醒。人們將他按倒，叫他安息吧，已經有人來接替他了。

接下來的故事似乎就是芬尼根的夢……

之五、分析態度（內在設置）

「根據比昂（1970年）的說法，人們通過暫停記憶、慾望和理解等自我功能，與那個廣闊或『神聖的』自我相連。」

“According to Bion（1970）, one connects to that expansive or “divine” self by suspending ego functions of memory, desire, and understanding.”

（Reiner, A.（2021）What Language are We

Speaking? Bion and Early Emotional Life. American Journal of Psychoanalysis 81：6-26.）

因此不管是故事結構還是小說設計帶給我們的體驗，在在都是夢的結構。

而講到夢，我們知道的是，某個意象可能凝縮了無數的經驗，因此意義是無窮的。這使我們充分理解甚麼叫做「懸置」（suspending），進而擴展自我潛入更深邃的內心。

我覺得這種能力也可以是一種內在設置的建立，換句話說也就是分析的態度；接近於佛洛伊德說的匿名性anonymity，中立neutrality，禁慾Abstinence。

這三項準則對我來說都是一種邀請：

匿名性可以邀請個案對治療師有無盡的想像。

中立就安娜佛洛伊德來說：是與自我本我超我維持等距。這個等距可以創造一個思考的結界，邀請治療師不要跨出那個結界。（這是一個可以讓治療師作夢的結界啊！）

禁慾（節制）指的是創造無欲的態度，分析本身不遵循意志，或者指向性，這是一種邀請自己的內心進入transformation in O。

相關的補充態度還有：幽默（比較良善具有撫育性的

父母，輔助性超我），它讓我們可以接受無常；最後則是一種放鬆或者放棄的態度，把自己淨空，我的想像是停機坪要有飛機起飛才有分機可以降落。

當這個空的空間可以給出，才可以開始作夢，然後才可以想。（註六）

之六、《本日公休》

最後我想跟大家分享一部近期的電影《本日公休》。

導演傅天余找來二十多年沒演戲的影后陸小芬來詮釋自己擔任理髮師傅的母親。

陸小芬首次去見導演的時候提著兩袋水果，打扮隨興，像個好久不見的阿姨跟導演天南地北地聊天，讓導演打破三觀（本以爲會是隱居已久的超級巨星風華再現），當下就有一種這角色非她莫屬的感覺。

陸小芬自己也說：雖然她很久沒演出，但看到這部電影的劇本就不想錯過，可能覺得這個角色會成爲她另一部代表作。跟許多新生代優秀演員一起演出的她，在在提醒把自己歸零，以新人的態度工作。這個新人的態度讓我很有感。（是不是也有點無憶無欲的味道？）

片中有個出其不意的段落，當然也是《本日公休》的

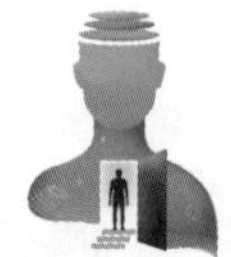

主題，阿蕊給自己放假一天去幫隱居鄉下的老客人剪髮，到的時候才發現老客人已經往生，於是這是最後一次剪髮。

阿蕊一面幫老客人剪髮，一面說話給客人聽，還有圍繞在身旁爲死者送行的子女聽。

那個聲音，雖近在眼前，卻遠在天邊。像是天上的菩薩說給在場的人，當然包括觀衆聽的我們。

這個溫柔又超然的聲音，像是一根針輕輕戳進內心最深邃的角落，提醒我們生老病死、愛過恨過的一生，無論如何其實也就夠了。

這個足夠是一種深刻的了然，一切圓滿具足。是因爲經歷過，可以哀悼，然後也就可以放下。

無憶無欲也就像是克萊恩說的憂鬱心智位置，每一刻活生生地經歷過我就過了，就像芬尼根的麗菲河，承載著小鎮上的生老病死，一切都匯集到空性的大海中……。

They lived und laughed ant loved end left.

（FW 18. 20-21）

他們活過了，樂過了，螞蟻似的，愛過了，盡頭了，走過了。（註七）

忽然發現治療師的工作也很像電影的理髮師，看著身邊的客人來來去去，同時我們也在經歷著無常，也許會有一點寂寞，但是那些終將告別的一切，其實卻發生在我們每一刻聆聽病人講話的過程中。

無憶無欲，或許提醒我們，這是我們可以擁有，對病人最溫柔的姿態。

參考文獻

- 註一：空的空間：選自劇場巨擘彼得・布魯克（Peter Brook）在其著作《空的空間》（The empty space）的一段話：「我可以選任何一個空的空間（empty space），然後稱它為空曠的舞台。如果有一個人在某人注視下經過這個空的空間，就足以構成一個劇場行為。」借此比喻分析治療中的留白對於營造出醒夢的氛圍或者邀請故事發生的重要。
- 註二：交流時，蔡昇諭醫師提問：真的要斷絕慾望？這可能嗎？我們在聆聽個案時鎖定某個焦點進行關照（attention），其中不是也有欲力的灌注？對此問題夥伴們進行了一系列的討論，我的收穫是，重點不在斷絕慾望，比昂的無欲指的應該也非如此；應該是一種更為流動的哀悼的態度，讓能量可以一直流轉

而非固著。是固著阻礙了體驗可以發生。席間陳婉容心理師分享了一本有趣的書《那一夜佛洛伊的遇見佛陀，聊慾望》。作者Mark Epstein同時是佛教徒也是心理治療師，他對慾望的觀點也非斷絕慾望，而是慾望的絢麗，還有通時間巨的強迫性與固著性反而是我們體驗哀悼與流動的絕佳導師，印度著名的修行者Sri Nisargadatta也說：「問題不在於你有慾望，而在於你慾望太小。」對我來說，那就是人身（人性）之難得，在體會到慾望之苦之後所帶來的求道的慾望。（類似於精神分析說的求知的渴望？）

- 註三：https://www.youtube.com/watch?v=4WVKFt15bc8&list=PLKKxeZoPg0xjq_BtootqbjB0ppsJStgvY&index=3
- 註四：陳瑞君與許瑞琳的報告讓人印象深刻，直接挑戰《芬尼根守靈記》的文字，無懼於讓自己跳入這場未知的黑河搏鬥，卻帶來深刻的理解與愉悅的玩性，令人欽佩。
- 註五：取自台灣譯者梁孫傑的譯文，書林出版。
- 註六：蔡醫師提問：古典精神分析的匿名性anonymity，中立neutrality，禁慾abstinence主要是針對精神官能症病人，這種內在設置果真可以為Bion說的精神病病人營造一個可以作夢的環境？這讓我想到或許還得加上治療師為病人的psyche-soma進行心理上的把屎把尿功夫（holding, handling, object-presenting, intergrating, indwelling, object-relating），當然這或許是另一篇文章的開始了。

王明智

諮商心理師

臺灣精神分析學會會員

《小隱》心理諮商所所長

臺灣精神分析學會推薦精神分析取向心理治療師

臺灣精神分析學會影音小組召集人

松德院區《思想起心理治療中心》心理治療督導

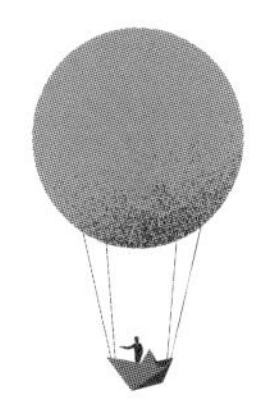

因爲會醒，所以可以安心做夢，因爲有空性，所以萬物皆有可能

與談人：蔡文瑞

回應王明智的〈夢幻泡影，住進一場夢裡解決人生裡的閱讀經驗〉

初探《金剛經》的解說才發現原來《金剛經》的譯本至少有七種，譬如鳩摩羅什譯的漢傳版《金剛般若波羅蜜經》或藏譯本的《金剛聖般若波羅蜜大乘經》。在這些眾多的譯本中，大致都指出「金剛」指的是鑽石，「般若」指的是智慧——也就是覺知，「波羅蜜多」指的是到達彼岸（或正在前往彼岸）。因此合起來指的是如同鑽石般到達彼岸的智慧，而這裡所謂的智慧，便是「空性」。

原本我乍聽以爲空性是指一切皆爲虛無，甚麼東西都不存在，這讓我很是納悶，爲什麼這是鑽石般的智慧，難道是要人放下一切，把眼前的一切視作虛幻，進而達到不執著嗎？這樣想就能做得到嗎？然而我俗世般的「理解」恰好展現佛教對芸芸眾生受苦的解釋。佛教認爲的「眞實」（傳統稱爲「諦」，也就是「眞理」）是由兩個部分所組成，一種是表面層次所展現的眞實（世俗諦），另一種是更深層次的眞實（勝義諦）。而當眾生缺乏理解眞實的能力（即「無明」）時，就會累積業或行爲，導致自己受苦。因此需要藉由「理解眞實」來破除無明之苦。這讓我聯想到精神分析勇於面對內在心智的眞相探索，努力讓潛意識的訴求轉向意識，似乎與佛教的「理解眞實」有著異曲同工之妙（當然兩者對於眞實的定義是非常不同的）。那麼究竟我忽略《金剛經》指的眞實是甚麼呢？我們可以一起看以下有關《金剛經》示意衆生可以如何降伏自己的心的段落：

佛言：「善現！諸有發趣菩薩乘者，應當發起如是之心，所有諸有情，有情攝所攝，若卵生、若胎生、若濕生、若化生；若有色、若無色；若有想、若無想、若有想非無想，乃至有情界施設所施設，我皆令無餘涅盤而滅度之。如是一切，我當皆令無餘依妙涅盤界而般涅盤，雖度如是無量有情令滅度己，而無有情得滅度者。何以故，善現！若諸菩薩摩訶薩有情想轉，不應說明菩薩摩訶薩，所以者何？善現！若諸菩薩摩訶薩不應說言有情想轉，如是命者想、士大夫想、補特加羅想、意生想、摩納婆想、作者想、壽者想轉、當知亦爾。何以故？善現！無有少法，明為發趣婆薩乘者。」（藏傳版）

佛告須菩提「諸菩薩摩訶薩應如是降伏其心！所有

一切眾生之類：若卵生、若胎生、若濕生、若化生；若有色、若無色；若有想、若無想、若有想非無想，我皆令無餘涅盤而滅度之。如是滅度無量無數邊眾生，實無眾生得滅度者。何以故？須菩提！若菩薩有我相、人相、眾生相、壽者相，即非菩薩」（漢傳版）

首先在藏傳版的《金剛經》中提到「……乃至有情界施設所施設，……」，這句話的用意是想表達沒有不「依他而安立」，也沒有「依他而施設的境」能夠自成就者。也就是世間一切現象都是互相依存而成立的，沒有不靠依緣而生，只靠自己而能成就的事物。因此「空性」想說的並非只有空無，而是在這一個空無當中，會有一些事物發生，只是這些事物的發生是施設而有的，也就是受到各種環境的組合而產生的，它們並不具備單一、獨立和恆常的概念；這是我所忽略的第一個《金剛經》所指的眞實。但在我談這個概念給我的啟發之前，我想先說明第二個我忽略《金剛經》指的眞實—也就是「空性其實也是空性」的概念。空性不是獨立、眞實的存在，它是依存於顯相的另一側，就像銅板的兩面，藉由顯相的存在並且分析顯相，我們才能找到空性的概念。因此顯相是有意義的，儘管它是經由心理的主觀標籤取代客觀的狀態，但它仍然是眞實的存在。如此要說明的是雖然事物的本質是空性的，但因爲受各種環境的緣分聚集下，產生的現象仍然是眞實存在的，還是有一切「能做」及「所做」的功用在顯相上，而且因爲這些現象的存在是依緣而生，由各種條件所組成的，沒有一個獨立的元素，不是獨立的元素也就意味著具備調整的空間，使解脫具有可能性。以下是《金剛經》很有名的另一個段落：

「如星翳燈幻，露泡夢電雲。一切有為法，應作如是觀」（藏傳版）

「一切有為法，如夢幻泡影，如露亦如電，應作如是觀」（漢傳版）

那麼顯相與本質（卽空性）之間的移動要如何進行呢？佛教鼓勵衆生聞思修—聽聞佛法、思考內涵、進行禪修。或許我們也可以從藏傳版的《金剛經》九喻（註）中所稱的「幻相」進行連結。所謂的「幻相」是指事物存在於顯相中的作用，譬如當一位魔術師在變魔術時，他可以變出各種事物，讓觀衆眞實感受到效果，但所見並非爲眞。經由魔術的幻相，魔術師可以引發觀衆的恐懼、快樂等情緒，說明卽使本質並不存在，但的確能爲我們帶來傷

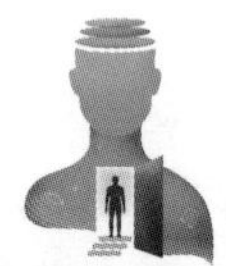

害或利益。這對於熟悉處理個人內在世界的精神分析相關人員應該是不陌生的感覺，甚至是精神分析的設置（匿名、中立、禁慾），乃至於精神分析的訓練（被分析、懸浮的注意力、面對潛意識幻想……）都是爲了接近這些幻相（或精神分析說的內在眞實）。試圖透過理解眼前的人如何爲這些幻相所苦，對這些幻相的需要爲何，最終希望可以藉由語言和分析體驗而脫離幻相。

只是對於幻相的脫離，絕不是非黑即白的狀態，也不是一個頓悟就能解脫的歷程。幻相中的錯綜複雜，情感糾葛，讓我聯想到有關《芬尼根守靈夜》（Finnegans Wake）這部小說的晦澀難懂，字詞以假亂眞，文字常常疊以「多」關語、新創詞、複合詞等撲朔迷離的隱喻。就像是夢囈，也是夢魘（對，夢不經常都是夢幻的，儘管這兩個詞經常被擺在一起）。不過夢與幻相仍然是重要的，不僅是存在，而是某一種容許。《芬尼根守靈夜》的中文譯者梁孫傑教授，曾在臺灣大學外文系進行一場〈聽聽芬尼根怎麼守靈〉的演講。除了解析精彩之外，還使用朗朗上口的兒歌搭配《芬尼根守靈》的文本字詞，內容非常有趣，推薦讀者可以去YouTube影音平台搜尋。其中讓我印象深刻的是這些如同囈語般的文字，竟可以透過跨國通俗的兒歌進行理解，但輕快的旋律下，其實深究歌詞往往含有性、暴力，以及死亡的成分等著被發現。這種兩個看似很極端的元素（純潔／性暴力）被相容在一個作品當中，也很像王明智心理師的文本提及的「……（個案）走進會談室中，開始變得像個瘋子，卻在日常生活越來越清醒」。這讓我想到有關空性爲何帶來解脫的可能。

達賴喇嘛曾在教導《金剛經》中示意「萬物並不具備固有存在」的想法其實不用帶來「沒有任何事物是存在」的恐懼，反而是因爲萬物無自相的狀態，所以可以顯現許多的幻化，並且因爲依賴因緣，也就具備因果或受苦的解答就在其中等待著被發現的可能性。這份空性與顯相並存的允許，或許就讓會談室內的瘋狂與會談室外的清醒不那麼讓人難以理解。因爲會談室內治療師與個案（因緣和合）的相遇，以及透過特殊治療架構而得以存在的空間條件，讓瘋狂有了被認領的機會，當一個人可以瘋狂，也就可以選擇清醒了。

註：星者，世俗、勝義二重觀（兩種本質）；翳者，視障（無明）；燈者，緣起合成；幻者，苦樂得失宛然；露者，無常；泡者，皆屬苦性；夢者，過去；電者，現在；雲者，未來。

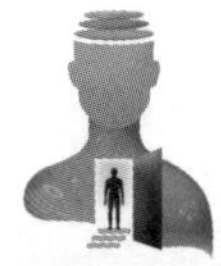

參考文獻

- 達賴喇嘛，《尊者教你讀通金剛經》，眾生出版社，2016。
- 臺灣愛爾蘭研究學會YouTube頻道〈聽聽芬尼根怎麼守靈〉，2015。https://youtu.be/4XUZTkKxh5A

蔡文瑞

臨床心理師

臺灣精神分析學會會員

佳欣診所心理師

聖功醫院兼任心理師

第二章

復而活死：應如是住，災難國度酒歌裡埋伏著經典死而復活

陳瑞君

一、偷襲

守靈夜自始至終，從未至死方休。

在上一本合著的書《就是餘生，搞不懂貝克特，沒關係》我曾寫下當時初讀《芬尼根守靈》psychosoma無法安頓（indwelling）的失序感，mind的功能應置放於何處來發揮功能呢？那時流離失所到處應戰的mind，只能先把感官被文字偷襲的經驗裡如此的寫下來：「從死亡場景開始的筆墨本應沉靜及等待，但Joyce從未如此打算讓文字傳遞安靜或讓亡者安息，篇幅中舉目所及的便是滿盈本身不帶意義的狀聲詞反覆堆疊在快速句子的排版間，冷不防地偷襲且強迫著讀者的感官開始幻聽到落落長的文字大作聲響、大發雷霆，彷彿裡面有上百個人或物或蟲以上的聲音同時發聲，每一個文字化身為一張嘴、幾聲鳴叫、雙句腹語、摩拳擦掌、機器扭轉、振翅拍膀、滿堂嬉鬧哄

笑……書中雜沓著日常多聲道的收音採集，讀者的感官被驅使在文字之間勞碌的奔走不及繞在Finnegan曾經存在或甚至無關的渣滓咆哮，似乎Joyce強烈的反映著無人的一生是安生立命的，人生是吵雜的、紛亂的、脫序的、難以有頭緒或難以思考的狀聲情境，傾耳細聞會聽到人生是如流寇般亂竄震耳欲聾的能量，而這是James Joyce筆下從墳墓到子宮、從喪鐘到胎心音之間的所有闖入的噪音，或許你從來不只是你，少數的時候你是主key，但大部分時候的你，是你一輩子所及之處的所有參與者、旁觀者或大環境的無差別性的收音，你也是大環境的噪音之一。你並沒有權力選擇消音抗噪，反而你是被環境小蜜蜂收音系統大範圍的採集，你認爲是主流的時候其實大部分很邊緣，人生很忙亂，所謂的語境中是掩耳盜鈴才有的藩籬。而這唯一讓你聽到的情境，是降臨在你自己的守靈夜，此時的你才開始沉默安靜下來，人生背景音與主題樂此刻群起飛舞的爭相走告，仍在你耳邊的空氣中嗡嗡盤旋不去，還對著不容閉目的你採集著死亡的微弱聲息。」（邱錦榮等著，《餘生一餘地：兩個難搞的人，搞出了兩把後現代刷子》，2023, p.101-103，薩所羅蘭出版。）

現在回頭看，又多拜讀了《都柏林人》及進行中的《尤里西斯》，似乎較能串連起如何看待《芬尼根守靈》

的一些方式。難以安頓，守靈夜自始至終找不到《安魂曲》指揮棒劃下去的落拍點，以讓哀悼在肅穆莊嚴中可以過得去，《芬尼根守靈》的合聲分部「墮落（叭叭叭吋-嘎喇嗒-塌瀰啦-隆滾怖隆恫吶-隆突霐-竦啜呱-混落嘶銑-突呼呼登楞突喵-嚕喀！）」（p.14），群起的狀聲讓首席指揮家孤掌難鳴，等不到好的時機決定落拍點，芬尼根的《安魂曲》裡有處理不了的樂曲分句。

是因爲1845年惡靈植物馬鈴薯大飢荒造成百萬人的死亡？還是，1916年復活節起義受處決及犧牲的亡靈？或許，還需要等一下，後面還有1919年爆發大規模的愛爾蘭獨立戰爭的流血革命，喂！還沒還沒……後面還有1921年起內鬨變內戰的分裂廝殺……還有還有，不同時期的民族主義份子、共和軍、祕密游擊、特工、異己份子新教徒、叛徒、保安隊、志願軍、由天主教組成的皇家愛爾蘭警隊……這些動亂及黑暗份子的流竄與偷襲（impingement），以致於《芬尼根守靈》會是一本怪異的有聲書，是alien self but true self的混聲嚎叫卡農，再加上砲火隆隆聲、街邊人民餓死哭嗚聲、至親死亡的心碎聲、倉惶快步逃亡聲、霸權者唾沫啐地聲……雜亂的多聲部，七、八百年來以偷襲的方式迅雷不及掩耳的落在每個愛爾蘭的角落。

面對複雜且創傷嚴重的個案，常讓首席治療師經驗到在工作中找不到介入的落拍點，個案早年戰火遺留的惶恐焦慮與自我破碎感橫秋在治療關係中，在嚴重創傷的個案心中安全警報器常常失靈而鳴聲大作，多年來仍像是一場醒不來的夢。劉又銘（2023）「Bion說的Waking Dream Thought來說，那是否是『內在心智與原始自我』的狀態的再現，文化經驗是一種發生在日常生活世界的夢境？當把睡覺視爲是Winnicott說法中的解離狀態來解讀時（Primitive Emotional Development, D. W. Winnicott, International Journal of Psycho-Analysis, 26：137-143, 1945），如此說法下可以把夢視作心智的退行功能的實施，企圖透過這個夢的功用，有著將原始自我碎片重新相遇而組織起來成爲完整個體的企圖，然後這個編織出的文化，這種白日夢境可以作爲新的創傷障蔽（Screen）。從起初以大海或母親作爲創傷的記憶意象，作爲創傷事件的寄宿客體或是紀錄者，當能夠透過自己有能力編織出文化產品時，這個文化產品的誕生相當於拿回失落的我的（創造力）誕生，將我的生存概念投注在其上。或者，包括『改寫自我失落』的願望在內。」（摘自《跨出去：被一束黑暗，點亮起來》，2023，薩所羅蘭出版。）

數代遭逢的天災人禍，碎片瓦礫所砸下來的黑暗，在北愛蘭爾作家薛穆斯・丁恩的《在黑暗中閱讀》裡可以窺見，也從喬伊斯《都柏林人》、《尤里西斯》到《芬尼根守靈》的碎片採集中，重新來思考「歷史」是什麼？對愛爾蘭人來說，歷史在哪裡，噩夢就在那裡，而這還只是愛爾蘭百年的近代史而已。我也在思維著關於早年創傷史的個案，Bion要觸及的O的概念有重要的臨床價值，試圖面對歷史上無法逃脫的內在掙扎，O的概念揚棄已知走向未知的黑暗，要從混亂失序的砲火裡逃亡，並開闢一條可供心智思考becoming O的路線，是他一直在戰火中徒手挖掘的壕溝。

二、離散

對身爲讀者而言，細讀喬伊斯的第一部作品《都柏林人》至最後一部作品《芬尼根守靈》，他的筆桿不斷起義，有破壞性的演變。《都柏林人》，筆法從能以寫實的角度呈現十五個故事的靈光乍現（epiphany），最後一本《芬尼根守靈》拿掉了主要的敍事者則毫無間隙地說滿滿，卻無法說清楚任一件事的開始、經過與結束。若以文物保存的概念來陳列，《都柏林人》是置放在博物館中出

未太經歷歲月摧殘的近代文物，在色澤、紋理、形態、質地都保存較爲良好，可辨識度高。

而《芬尼根守靈》（Finnegans Wake）則是歷經風霜的文物，裡外不乏蟲害侵蝕、褪色移染、碎裂缺角等那類最古老又脆弱的文物，或許破損到難以辨識及修復，換句話說《芬尼根守靈》是歷經風霜的這類作品，字字句句已不再只是自體原貌，而是碎裂的拼湊，換言之，這是一本喬伊斯的考古學研究，裡面有珍貴豐富的可分析材，這是一場夢的遊樂園，需要深具無爲的能力（negative capability）的考古專家，推敲流轉、以最小的干預穩定保留住其上的歷史訊息。

《芬尼根守靈》是歷經什麼風霜？第一卷第一章：

「川流，經過夏娃與亞當教堂，從海岸的逶迤到港灣的曲折，攜同我們沿著罪惡相生一再循環的寬敞街衢迴轉到霍斯城堡及其領地。」（p.13）

「崔斯傳姆爵士，柔音中提琴摧花手，在歷史永恆回歸中的某個時代，以上帝之姿行海盜之實，從北阿莫里卡遠渡愛爾蘭海裂波碎浪而來，尚未會再度抵達彼岸濃情蜜意之小歐羅巴邋遢破敗瘦骨嶙峋的地頸，也尚未曾再度以統治者之名以監禁伊索德為由發動他的半島戰爭，揮舞著孤挺超屌的鐵桿長槍，直如筆迅如矢，一場狂野的戰鬥，口中噴出乳白星沫，『非降即戰！』；在美國喬治亞州岩層裸露的奧科尼溪流旁，頂級老手湯姆．索耶在鋸坑上方拉動雙人長鋸將樹幹剖成兩片，他石頭般的蛋蛋，天吶，臭翹得很！尚未會對著勞倫斯郡那些不守居住清規，說話技巧如漩渦的俊俏吉普賽妞兒，以及其他在都柏林鎮的居民，做出誇大腫脹的反應，反正人口還是如常倍增繁延，多了很多乞丐，騙子……」（p.13）

上述是《芬尼根守靈》第一章的首段，喬伊斯讓能夠見證都柏林歷史悲愴的利菲河出場。那川流不息的，是象徵著人生之始的夏娃與亞當，也是原罪及流放的首例，流過人間的苦難因原慾的罪惡而生……再往下流霍斯城堡，悠揚的演奏起華格納著名歌劇《崔斯坦與伊索德》生死不相離的悲劇篇章。

愛爾蘭公主伊索德虐戀的背景就是因愛而帶來歷代交戰的開始，「以上帝之姿行海盜之實，從北阿莫里卡遠渡愛爾蘭海裂波碎浪而來……」影射了愛爾蘭自古注定就是兵家之地，戰火的蹂躪是人民悲劇的開始，生死相離、滿街貧病的乞丐、求生存的騙子，「喬治亞州」是愛爾蘭難民外移至美國建立的小鎮，是紀念家園的重要代表。飽受戰火及飢荒的沖刷導致的愛爾蘭在生死掙扎間散居各地。離散，已成了愛爾蘭人的精神紀念碑。

《芬尼根守靈》這類離散體如何探索？一如治療師在探索邊緣型或自戀型等個案在晤談中碎波細浪的人生，甚難捉摸。《芬尼根守靈》主題、章節、結構、文法的不可能性，只有眾聲喧嘩，每一個字都形變成一張口，滿滿的躍然紙上且字字競相搶拍，喧鬧的文字中難以辨識的從高處跌落的芬尼根在哪裡？書中告訴我們，Humpty Dumpty蛋形身材摔成碎片的芬尼根，頭腳肚腹破的像蛋花一般的四處流溢，碎掉的他還是芬尼根，但也不是原來的芬尼根了！四處流溢散居於字裡行間的「芬尼根屍體」靠著蛋清黏著形成的「離散的芬尼根文體」：

「失足翻下牆頭的大墜落，蛋破模機地，滿地黏呼呼的內臟、肚腸、殘渣和不相干的垃圾，在如此短時間內需要緊急公告周知：芬尼根啪啦咻——碰，降落傘出差錯那樣摔了下來，嘣啪墜落地面猶如一塊被女人吸盡肉汁的乾巴巴皺火腿，這個當年堅實可缺的愛爾蘭男人，卻落得如此糞便脫肛的下場：他的背脊拱得憨瘩帝．蛋拔地（Humpty Dumpty）那麼駝，圩頂如丘的頭顱速速派遣出問不出所以然的探子，一路向西在死地裡尋尋覓覓他的肚腹和那些埋葬在墳堆中夯不隆咚的腳趾頭：而它們卻有如收稅關卡的柵欄尖柱，根根槍矛般戟指朝天，矗立在公園內鮮有人跡的丘陵地：自從魔鬼般的都福林開始愛上麗薇以

來，那兒柳橙掉滿在綠茵草皮上，早已無人問津任其安歇和腐爛。」（p.15）

芬尼根的片片散在全書的166頁裡，有時幾行文字裡突然冒出芬尼根的個資「梓人芬尼根大師，結巴手人氏，共濟會會員，自由自在的砌牆泥水師傅……」（p.16）；有時側寫他的愛好及家庭「此人身居醉翁村，酒量冠群雄……，文明和教育不也是如此撇大條那樣層層堆疊節節昇高。他這壞東西，居然還有個稚嫩的小妻子，叫安妮來著，想來也真噁，他咕嚕咕嚕灌了點私釀的威士忌後，就會把這小可憐拖過來抱著下蛋……」（p.17）；有時是把他肢解在盤飧裡「是哪個巨人快要和死亡結合在一起了，割一臠他的肉端上盤？芬歪否・鯤一世是也。放在他那顆燻烤魚頭和培根旁邊的是啥東西？」正如困難的個案，早年創傷環境holding不住他們的經驗，所以後來的治療師幾乎在晤談裡忙著在滿地尋找與撿拾，那些當年摔落一地後血肉模糊心思與情感。

三、重組

當《科學怪人》遇見《殖民怪人》

如果從著名的科幻小說家瑪麗・雪萊（Mary Wollstonecraft Shelley）所著的《科學怪人》（Frankenstein）暗暗點出人類內心有如是哥德式小說的研究室，將人性裡潛藏著全能幻想的瘋狂，在日與夜裡被孤魅的內在統治者祕密驅動。主角維克多・弗蘭肯斯坦（Victor Frankenstein）是日內瓦名門望族的子嗣，成長於富有學養的家庭，知性的涵養是驅動他生命的力量與世界連結的方式，「那股導致我毀滅的致命衝動……，因此，現實從來沒有機會把我的美夢打醒」（p.80,《科學怪人》），將知識理想化埋下了維克多打造如救世主般的自我理想形象，夢想著要將人類帶離生死的折磨，這是意圖取代神的位置創世紀「造人」計劃，全能感的救贖也埋下了悲劇的開始。

17歲的維克多即將遠赴他鄉求學，啟程前至友重病、母親離世接著連三的打擊，絕望的氛圍讓維克多理想的期待變成唯一苦厄的解藥，他縱身一躍進入奧祕自然科學的殿堂，目的是爲了追求高貴的永生概念，幾近狂妄。他要不是在科學所帶來的躁狂感當中，不然就是極度貶視。換句話說，在成爲造物者的誘惑裡，要了解生，就要從研究死開始，他日以繼夜埋首於實驗室以透徹生死的本質，最後他偷取墓穴與停屍間的殘渣腐肉進行實驗，把人假設成細菌或病毒培養皿般的在實驗室中培養，他要創生人之子民，成爲衆人之父身，成爲被頂禮膜拜的對象，就像是捏泥娃娃再吹一口氣便復活的生命之神。

維克多解讀喪母爲命運的邪惡與上天的殘暴之舉，他克制個人情感，日漸冷漠麻木疏離，祕密的收集拼湊死人的屍塊骨頭牙齒皮毛進行偉大的計劃。最後，在科學怪人在睜眼的瞬間代表的是實驗的成功，與下一秒的維克多最大的失敗。他看到創造出來是個身形巨碩、奇醜無比的恐怖怪物時，等於宣告他多年來的苦心孤詣付諸流水。科學怪人是維克多對神挑戰慘敗的明證。

他對親手創生的科學怪人激起強烈的厭棄之心，便把這種懲罰性的幻滅及恨意丟在科學怪人的身上。科學怪人被維克多無情的遺棄了，在人世間流浪的他，曾有幾個瞬間閃爍著對人性的信任，但終究因醜陋的外表，挫敗受拒的經驗成了壓倒駱駝的最後一根稻草，他將多年來受盡冷眼的痛苦全部化爲對維克多復仇的合理化行動的……最後，這是一個殖民悲劇作終的故事。

若借用《科學怪人》的故事脈絡，維克多創造又拋棄科學怪人的史實，視之爲一個獨裁者縱容自身慾望於他人身上的殖民行動。來到愛爾蘭這個風霜之地，百年來殖民主國一如維克多的作爲，在他國的領土上妄爲進出及

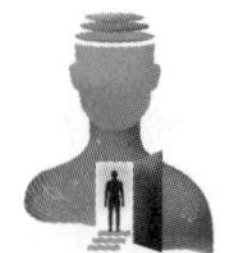

冷眼拋棄的漫長國史。那麼這本詹姆斯・喬伊斯（James Joyce）歷經十七年修縫補丁的著作《芬尼根守靈》（Finnegans Wake），是否能視之爲一本被殖民國的故事？書中文句時而破破碎碎不知所云、時而鬼影幢幢煞有其事；芬尼根不只是肉體的碎，也是借以暗諷國體的碎，愛爾蘭的地名常見於書中一一被點數出來，有如像被殖民主國是加入購物清單一樣的納入自身版圖當中，以下摘自書中的一段：

「嗯，他，如此孱弱無助的存有，背脊如比目魚扁平地緊貼床板，看起來像個還在牙牙學語卻生長過度如巴別巨塔的都柏林寶寶，讓我們撒泡尿睃照這個居家之人，嗯，他也該瞧瞧石板上的第零頁，不就是橫躺在餐盤面上維肖維妙的山。嗯！他的肌肉平靜沉穩地伸展又伸展，從查珀爾利佐德的教堂到遠看如燭芯的貝利燈塔，或者從阿什當村到聖羅倫斯家族的男爵領地，或是從科克郡利河河畔到環繞霍斯山頭的山區，或是從地岬海岸到愛爾蘭眼睛島，有點像一張依據個人興趣和專業而不斷增長的購物清單，從252加侖釀酒大桶，大憲章，銀行併購，圓顱黨，一項一項加到帳單繳交，看到雙眼都閃爍出隱隱怒火。而且從挪威冰河峽灣（嗚嗚號角聲！）一逕浩蕩直抵斯堪的納維亞山頂高原，港灣海風蕭蕭如黑管蒼涼悲悽，他困縛在亂石流洑之間（霍–霍–霍！），浮沉於現在過去和遠古，寥參長夜漫漫一生……」

散亂不全的上述文字中，是芬尼根摔的殘破不堪的身心（fragmented mind and body），也是屍塊骨頭牙齒皮毛腐肉的國體拼湊史（fragmented history），或臨床上創傷者的口述史。七、八百年來英國的強權殖民與愛爾蘭反叛動亂中，生靈塗炭的《都柏林人》眾生相就像是破碎童年中發育不全、但已成大人身的牙牙學語都柏林寶寶。居住在失語又失心瘋的「麻痺中心」，芬尼根眾生們的身與心是永遠的墜下而散居各處，他們糊成一團所以無法聽懂別人，也無法聽懂自己，芬尼根的複數替身成了愛爾蘭血淚史的群像，已然成爲殖民主國的實驗室中創生又被拋棄的「殖民怪人」，而這出於霸權者維克多／英格蘭企圖建造巴別塔狂妄的野心。

臨床上面對「如此孱弱無助的存有」的個案，用Bion的理論來說，或許可以理解爲無法被涵容（contained）的分裂（splitting）或崩潰（breakdown）的狀態。脆弱的個案需要治療者在內在重組，以提供結構（setting）如同是蛋殼（the container）的保護，黏合（linking）個案在晤談時講不清也說不全的破碎經驗。另外一提，當治療者面對「如此孱弱無助的存有」的個案，常常在關係裡

治療者會經驗來自於個案太大的情緒張力而感受到難以容忍焦慮，Winnicott在1947年《反移情的恨意》（Hate in the Countertransference）的文章中提到「無論他是多麼愛他的病人，討厭或恐懼他們的感覺也是無法避免的，當他愈了解這一點，恨意與恐懼就愈不會成為他決定對病人所做之事的動機」（p.195）。

因而，治療者愈能經驗滿腹的挫折、不否認由絕望而生的恨意，能夠客觀的恨且不報復在個案的身上，並將反移情的感受蒐集消化爲可詮釋的材料。莫不如此，治療者便容易步上維克多的老路—想要成爲全能的拯救者，將挫折的恨意投射在個案的身上，以治療師的位階及知識殖民式的強加於個案身上。我思考著Bion說的「無憶無慾」（no memory and no desire）及「無爲的能力」（the negative capability）的態度，是獻給身在戰壕的治療師學習去接近O的概念，一種以開放、未知（unknown）、未飽和（unsaturated）且不受限於記憶與慾望的心智狀態作爲一方有功能的容器。

四、魚肉

喬伊斯在《芬尼根守靈》說：

「現在，需要耐心；要謹記耐心是偉大的事情，在所有事情之上，我們必須避免任何類似於失去耐心或變得失去忍耐的事情。」

"Now patience ; and remember patience is the great thing, and above all things else we must avoid anything like being or becoming out of patience." —— James Joyce, Finnegans Wake（p.108.8-10）

噓！似乎喬伊斯要講一個很長很長的故事，要我們有無比的耐心……

從前從前，有一個國家，人民必須不住在自己的國，才會有家。他說：

「……我們的處境，倒像另一個宗教領袖的棺木，在熱貝爾山丘和埃及普賽海灣之間不斷流盪飄零，根本無所適從。不過，那匹名叫啃嫩芽的駱駝把羊齒蕨得嘎茲嘎茲響，牠會做出決定的。那我們就會知道，蒼蠅滿天飛的宴席是否辨在星期五。」（《芬尼根守靈》，p.20）

「所以，這就是你一而再再而三魂牽夢繫的都柏林？」（同上p.41）

「噓！小心！回聲之地！」（同上，p.41）

喬伊斯在1912年離開愛爾蘭後，那年他約莫30歲，

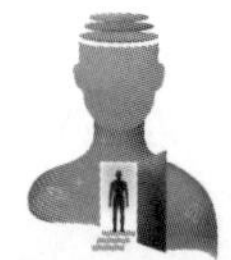

自此便不再回國。有趣的是在他所有的作品中卻從未遠離愛爾蘭的歷史鬼魂，有如中深入骨髓的愛爾蘭毒。喬伊斯的筆下的毒性發作從《都柏林人》、《一個青年藝術家的畫像》、《尤里西斯》到《芬尼根守靈》，只能證明愛爾蘭毒愈到晚年讓他愈發痛苦，無能收復黃土也沒能遠離故土，倒用了17年的光陰讓《芬尼根守靈》出土，芬尼根從頭至尾也一如也是喬伊斯無法塵歸塵土歸土的一個離相，愛爾蘭人都有芬尼根不安的靈魂，芬尼根在愛爾蘭不會死，也無法入土爲安。

「爲什麼？」

「因爲芬尼根不是一個人的故事，而是分裂與解離的故事……」

「什麼？」

「就是一個刀俎魚肉，從創傷到國殤的故事……」

愛爾蘭？一個面積比台灣約大兩倍，人口數五百萬約是台灣的五分之一的國家。多舛的命運從西元1014年英軍反覆入侵。十二世紀英王亨利二世幾乎確立了對愛爾蘭的統治。爲了壓制舊制，在十三到十七世紀期間祭出鎮壓的殖民手段，第一步便是要稀釋愛爾蘭人口，英國以利誘吸引英國新貴的移入以管制當地人，愛爾蘭土地被沒收後紛紛轉爲農地，由新移入的新貴管束經營，老百姓多降爲佃農且因爲害怕被撤租，即使被徵收高昂田租也得默默的上繳，大抵上人民得任人宰割，生活拮据貧苦。

喬伊斯在書中如此描述：「主後1132年。人如螻蟻駭異地漫爬在一座大白鯨上，龐然身軀似高聳入雲的巨牆，皇家寶貴的珍饈，橫臥在緊偪窄小的河渠中，通體沾滿塵土和泥濘。鮮血鯨脂溢盆耳，戰火俎刀向愛爾。」（同上，p.43）

愛爾蘭人？約有七成是天主教徒，與英國新教徒暴發一次又一次慘烈的革命，英國1965年《懲戒法》（Penal Law, 1695）明令壓制天主教徒的公職權、參政權、兵器權、司法權、受教權等。從比例上來看，全國七成的天主教徒只擁有全國5%的土地，其他95%皆在外來者的把持中。

在安妮女王（Queen Anne, 1665-1714）時期制定了不平等的《懲戒法》，喬伊斯在書中借代著諷刺，句句尖酸：「那麼，在慣性行為驅動下她正忙著心愛的絕活，有點像『安妮女王基金會』那樣，憑著古雅怪趣的手藝，不合時宜卻頗具奇技淫巧，辛辛苦苦像頭拱土的母豬在青蛙蟾蜍蹦跳間採收完初熟的禾穀蔬果，然後好整以暇地吹蕭助興，她的奶泡兒他的牙齒啊，等著索取她初年聖俸和十一稅，我們就可以從後頭好好瞅瞅那兩團鼓脹脹的山

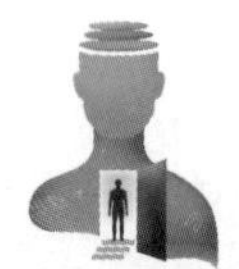

峰……」（同上，p.39）

愛爾蘭食？在英國的統治之下，並無心發展愛爾蘭其他的經濟來源，從16世紀起以種植馬鈴薯爲主食。而在1845年起的六年間，由於英國長年治理政策上的失誤，馬鈴薯欠收暴發了愛爾蘭大飢荒（Great Famine），英國害怕人民勢力滋長未施予援手，甚至繼續向佃農收租。飢貧潦倒的農人工人家庭等一一相繼死去，這場大飢荒死亡人數高達一百五十萬人。死的死，逃的逃，別無選擇搭上最便宜的棺材船（Coffin ship）又大約一百萬人的難民向外逃離，這一趟出去亦是生死未卜，據說約30%的難民是死在漂泊的航程，可能要面對無情的船難、長期營養及衛生不足、不耐飢餓病痛而死的屍體便直接拋下大海。大難不死散居異鄉的愛爾蘭人，到了新的國度後無依無靠又有一部分人客死異鄉，倖存者依然是從最低階的勞力工作、最破敗骯髒的住所開始艱苦的人生，據統計愛爾蘭目前總人口數約500萬人，然而美國卻約近四千萬人擁有愛爾蘭的血統。

愛爾蘭子民世世代代死／活在一個四面楚歌的巨大國殤裡，再多的迴向、輓詩及祭禱文都不足，愛爾蘭像是個世紀亂葬的大祠堂，書中一段不知是悲還是喜的複雜情緒：

「分裂？還說呢！我早該看得出來！麥克庫爾，麥克庫爾？，搞什麼，你還好嗎？這樣就掛啦？就在一個喉嚨乾到快忍不住非得喝一杯的星期四早晨？他們在聖誕夜急就章的守靈會上為芬尼根嘆息悲泣，喝了一杯又一杯。舉國上下從聖徒到惡棍，驚慄懼怖，每十二刻舉哀嗥啼慟哭，每每癱觶在地。還有水管工、馬伕、警長、齊特琴手、強梁之徒、連拍電影的也來了；四處擺滿了李子、梅乾、櫻桃、柳橙、葡萄乾和肉桂。甚至巨人族也都紛紛加入這場極盡喧囂極盡歡樂的世紀之秀。歌革和瑪各等十二巨人雖為世仇也把酒言歡縱情酣飲。大夥兒舉杯互敬，慶賀連綿不絕，直到他和她喝到跟死透透的漢奴根沒啥兩樣。有的酒桶猛灌齊–齊–齊聲高歌，更多的是並肩跳大腿舞嚎–嚎–嚎啕大哭。」（p.23）

偷襲、離散、重組、魚肉。那麼，什麼是自我？什麼是國族？什麼是歷史？什麼是認同？逝者已矣生者如斯，如何維持深切的共感，因而同時要與歷史記憶保持一定距離抵抗力，以繼續未來之路及哀悼不全的悲鳴？歷代多以迷失與噤聲來傳播無法言說的創傷，只能在創傷殘存的行動裡碰撞出混亂的瘖啞迴聲。Caruth（2014）使用「無人認領的經驗」（unclaimed experience）一詞來說明創傷者的心理狀態。通常是社會所形構的重大創傷事件，例

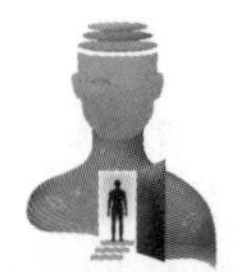

如經歷大屠殺、911事件等影響範圍廣度超越地方性的意義及個人所能承受的範圍，帶來的心理影響則會透過代間傳遞持續如大火般蔓延焚燒。

《芬尼根守靈》沒有主要的敘事者，也可以說每個字都是「無人認領的經驗」的自發性談話，以Caruth的話來說這是「相互構成了它們的歷史見證」（1996, p.8）。我想起了Winnicott說：沒有嬰兒這件事，有的只是嬰兒與母親」的這個說法，似乎也點亮了一個人要形構一個故事的不可能性，所謂的一個人，是他自己再加上其環境的全部。所以即使芬尼根是「一個人」，但若只有他一個人，他就無法是「芬尼根」。如同貝克特《等待果陀》中的迪迪和果果，即使在對白中難兄難弟的兩人每日重複的不外乎幾句對白：「我們現在要做些什麼？」、「我們走」、「我們不能走」、「爲什麼？」、「因爲我們要等待果陀」，即使是漫長等待的不可能完成式，迪迪與果果、胡蘿蔔與舊皮靴、枯樹與暗夜、潑佐與幸運、小男孩與果陀……上述等等，都與「等待」相互形構了彼此的歷史見證。

喬伊斯叫我們要有耐心，貝克特要我們等待。

現在我們一同走到了這裡，也形構了一段我與你的歷史見證。

參考資料：

1.Alcorn, M.（2021）Psychiatry, Politics, and PTSD Breaking Down：Janic Haaken Routledge Press, New York, 2020, paperback, 196 pp. Psychoanalysis Culture and Society 26：405-410.

2.Caruth [1996] Unclaimed Experience：Trauma, Narrative, and History, Johns Hopkins University Press, Baltimore.

3.Caruth, C.（2014）Lost in Transmission：Studies of Trauma Across Generations edited by M. Gerard Fromm Karnac, London, 2012 ； 262 pp ； £20.99. International Journal of Psychoanalysis 95：402-407.

4.Mizen, C. S.（2022）The Self and Alien Self in Psyche and Soma. Journal of Analytical Psychology 67：774-795.

5.Winnicott, D. W.（1945）Primitive Emotional Development, International Journal of Psycho-Analysis, 26：137-143, 1945.

6.Winnicott, D. W.（1975）Hate in the Countertransference [1947]. Chapter XV, Through Paediatrics to Psycho-Analysis 100：194-203.

7.James Joyce.（2017）。《芬尼根守靈：墜生夢始記》

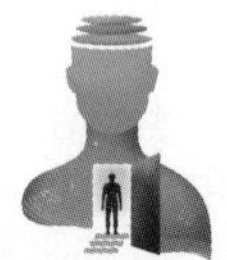

（梁孫傑譯）。書林出版。

8.《跨出去：被一束黑暗，點亮起來》（2023，待出版）。薩所羅蘭出版。

陳瑞君

諮商心理師

《過渡空間》心理諮商所所長

臺灣精神分析學會會員

臺灣醫療人類學學會會員

臺灣精神分析學會推薦精神分析取向心理治療師

臺灣精神分析學會《台北》心理治療入門課程召集人

松德院區《思想起心理治療中心》心理治療督導

國立臺灣師範大學教育心理與諮商所博士班研究生

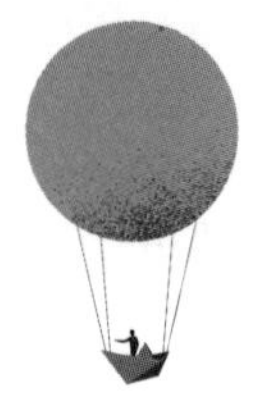

点ㄐㄧㄥ蟲山咒

與談人：李芝綺

回應陳瑞君〈復而活死：應如是住，
災難國度酒歌裡埋伏著經典死而復活〉

比昂無所不包的「O」
心無所住的諸相非相
芬尼根死而復活！

在「O」裡感受被無止盡的涵容，像環繞不息的利菲河，在河海交匯處挑逗地撞擊生死，孕育出源源不息的萬物泉源。從雙眼的受虐，轉為對文字的鬆綁，躍然於紙上的，是愛爾蘭的戰亂歷史，跟綠寶石地下的泥炭層一樣黑，滿盈有機腐植層，釀出英勇頑強、能言善道的芬尼根人，一杯道盡的醇酒！不執著。魚兒魚兒水中遊……

很想就這樣一直寫下去，置身體驗詹姆斯．喬伊斯的巨著《芬尼根守靈：墜生夢始記》裡深藏的簡約、幽默與豐采，其中之興味，可能唯有從讀者轉爲作者時方能體會，譬如大玩文字捉迷藏、運用奇妙的象徵和符號、交融

身體感官的刺激，顛倒置換的詞性或者拼拆語句段落可形成的迴圈：

從雙眼的受虐，轉為對文字的鬆綁，躍然於紙上的，是愛爾蘭的戰亂歷史，跟綠寶石地下的泥炭層一樣黑，滿盈有機腐植層，釀出英勇頑強、能言善道的芬尼根人，一杯道盡的醇酒！不執著。魚兒魚兒水中遊。在「O」裡感受被無止盡的涵容，像環繞不息的利菲河，在河海交匯處挑逗的撞擊生死，孕育出源源不息的萬物泉源。

這迴圈置換的嘗試與發現，讓人聯想到比昂晚年發展出「O的轉化」。在他歷經數十年職涯的努力後，他認爲從情感體驗的心理闡述，所謂知識（K）的轉變，在一些病人如精神病患身上是不可行的，治療師無法從既有的所知理解逼近個案的內在狀態，於是在休止符（caesura）之後，比昂專注於「O（origin）的轉化」，我把它解讀爲鼓勵治療師拋棄一切記憶和慾望，讓自身投入個案的狀態，始能變成他（她）、感受其身心的變化。而這不也是解鎖芬尼根守靈的金鑰嗎？

也許當我們轉化爲全然交託、跟隨後，自我的鬆解、覺察與創造力等緊接在困惑、焦躁消弭後出現，「心無所住」便飄飄然到來；但也可能是因爲比昂的「fluctuat nec mergitur」——在搖擺不定中保持平衡，讓我們能有空間接受情緒而不被情緒淹沒，才能夠堅毅的相信、守待潛意識靈感的觸發。那麼心無所住是起點，過程，也會是終點。

在變幻中尋找不變

《一行禪師講金剛經》書裡提及「依佛法觀點來觀察我們的環境及身心，可以發現它是變化不已的，所以沒有一個眞實的我，也就是無我，所以是空的。」這裡的「空」似乎也能對應到比昂的「O」——沒有任何形狀也沒有任何指涉，但也因此就「有」了無限的寬廣與變化。所以空而堅固，猶如《金剛經》的「金剛」意指能破一切，不受任何東西影響的，卽是無相。所以諸相非相，卽是不變的眞相。

Rudi Vermote在《Reading Bion》一書中提及採訪比昂的第二任妻子Francesca Bion時，請教她是否認爲Rudi正確地介紹了比昂的想法。「她回答說，對比昂來說，我是否準確地複製了他所說的內容並不重要，但他會很高興看到他的想法引起了其他人的一些想法。」這渴盼每個人都能勇敢的追求自由、孤獨，讓人倍感涵容，而

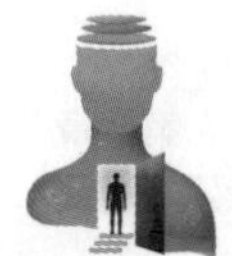

能「勇於創造自己的比昂」（O' Shaughnessy 2005），並容忍在無知、神祕中實現眞實的情感接觸。有趣的是，相似的概念也運用在喬伊斯的創作裡，《爲芬尼根守靈析解》一書中，在介紹的章節尾段裡提及：

最後，《為芬尼根守靈》到底寫什麼呢？有人說，除卻偶然出現的特色，這本書是互為補充且對立的完整契約：男性與女性、暮年與青春、生與死、愛與恨：它們互相吸引，互相對抗，互相排斥；這些對立物的三種趨勢為宇宙的運轉提供太陽能。無論在歷史中，或是在人類的生活中，喬伊斯都能發現這些對立物的運行，在多樣化的外表下——個體、家庭、國家、原子或者宇宙——這些常量不會變化。……

藉死復活的喬伊斯

帶著任何事物都能在心中，但不留痕、不罣礙的「心無所住」，來看瑞君的抒寫，捕捉到的氛圍是愛爾蘭國家、國土與民族間意象的強烈違和感！光是首都都柏林的名字就記載著累世難忘的國殤——Dublin愛爾蘭語意爲「黑池」（英國習語），在現代愛爾蘭語Baile & Aacute；tha Cliath，擁有的城市，意指「殖民地」。那究竟是什麼讓詹姆斯·喬伊斯魂牽夢繫都柏林呢？又是什麼鄉愁要耗盡晚年至死方休來書寫？在百年的悲愴離散背後，在酒精麻痺中心之外，沒想到愛爾蘭竟是個美到令人難以置信的文化國度！都柏林就是個冬溫夏涼、熱情好客、詩情畫意的田園城市；凱爾特文化在島上有著近二十世紀的久遠歷史，流傳著優美的民間傳說、動聽的民謠，且島上五穀豐登、牛羊成群，四季常青，山石秀麗多姿，河流縱橫交錯，湖泊多如繁星。

原來這既有的國家集體認同與美好，在不斷地被侵略貶毀、殘酷鎮壓後，才激起波波暴動與反抗。那麼，也許喬伊斯心心念念無法平息的，就是離開祖國當時如火如荼、起義尚未成功的愛爾蘭民族獨立運動，與反英回歸愛爾蘭的心願，這個未了的願景，很遺憾的在他離世後才付諸實現（1949年英國承認愛爾蘭的完全獨立）。

諸相非相

藉著文字般若，產生智慧、離苦得樂，套用在人世間是多麼地複雜而難以參透。諸如喬伊斯的流亡喪國；比昂童年的灼烈痛苦、年少征戰失落摯友，以及愛妻分娩離世等重重極端的創傷，並非離苦就會得樂，「止息的是去除了『因』，但所造成的果仍可能會持續」——《一行禪師講金剛經》，一個人的內在能否消化、轉渡，是自己當下看不見也看不清的未來，如果，還有未來可以寄望。

戰爭與創傷讓我聯想到一部2004年的伊朗電影《烏龜也會飛》，描述在美伊開戰前，土耳其和伊拉克邊界的庫德斯坦地區的戰地孤兒，整部電影的內容都讓人感覺遙遠、陌生到難以想像的哀淒，包括導演巴曼·戈巴弟是如何往返穿梭戰地、和一群真實倖存的孩子們拍攝完成；斷臂缺腳的孩子們如何靠著僅剩的器官（如嘴巴）撿地雷賣錢維生；無論美國地雷和他國地雷，對我們而言都不會認得，更不知道其如何引爆，又如何避開危險；戰地生活不是如山地環境貧瘠而充滿著悲憤，而是大人像被隔離在另一世界的未知、恐慌與失控感，對比於活力旺盛、不斷以行動追逐夢想的孩子們，未來似乎仍在孩子的眼裡發光，隨著日益成長的內在幻想天天發展著、也不時幻滅著。譬如充滿美國拯救憧憬與科技崇拜的男主角衛星（綽號），是個十三歲的孩子王，他愛上被敵軍強暴生子的女孩亞格琳，本來滿懷美國夢、滿口美語的他，作為村民與孩子對外交涉的中介，甚至交易、採買槍枝教導老小居民戴防毒面罩、架槍防禦（沒錯，這村落已看不到中生代的男人！）後來卻在踩中美國地雷後象徵自戀的受傷、從美機空投單標語的空幻中痛哭，也因失去了亞格琳而發現了真實：就算美援預言成真了，帶來的不是快樂，也只是難過，因爲眞正要面對的是內心的失落——重要客體的分離、自以爲是的崩解與失控。

女主角亞格琳則在鏡頭中一直揹負著心中的「小雜種」男孩（烏龜承重的象徵），想切割掉他以切斷過往創傷的纏摺，她無數次殘虐的丟棄、傷害自己的孩子，像是無法承認這異化的自我、無能消解暴力入侵體內的憤恨與恐懼，更無法想像告知長大的孩子他是怎麼生出來的……。亞格琳的哥哥漢高夫，是個具有預言能力的人，似欲扮演良知良善的超我，不斷地告誡妹妹「你不學著愛這孩子（幼小無辜的自我）就永遠睡不著」，他努力地和其它倖存者一樣克服殘缺、接受困境並活下去，如修行者引導亞格琳接納面對眞實、要關愛並哺育孩子，但距離妹妹的心智狀態卻愈來愈遠，亞格琳最後仍在美軍解救的前夕，終結了生命，也許壓倒她的最後一根稻草，是在無路可走的絕境底，連最重要的關係也失去了希望？連最在意的人心裡也感受不到自己？徒留下能預見未來，在吞苦嚥難中不斷修習降伏其心，卻不得不承認救不了妹妹的漢高夫。也許，創傷能否修復，生命能否轉圜（比昂的O），仍很大程度的需奠基於曾經穩靠的內在客體經驗，如金剛不破的支撐住我們單薄的肉身？！

參考資料

1. Rudi Vermote. Reading Bion 2019. The new library of psychanalysis：teaching series. Routledge.
2. 《芬尼根守靈：墜生夢始記》（卷一：1-2章），James Joyce原著，梁孫傑翻譯，書林出版有限公司。
3. 《為芬尼根守靈析解》，Joseph Campbell，Henry Morton Robinson原著，馮建明翻譯，書林出版有限公司。
4. 《一行禪師講金剛經》，一行禪師原著，觀行者譯，橡樹林出版。
5. https://kknews.cc/zh-tw/world/p5a3ppe.html-
6. https://baike.baidu.hk/item/愛爾蘭島/4464001

李芝綺

臨床心理師

臺灣精神分析學會會員

深藏心理治療所所長

臺灣精神分析學會推薦精神分析取向心理治療師

第三章

思夢的醒：不住於相，誰在掌管白天裡散步時刻有醒的夢思

陳建佑

「諸菩薩摩訶薩應如是生清淨心；不應住色生心，不應住聲、香、味、觸、法生心。應無所住，而生其心。」《金剛經》裡的這句話，延伸想像，是應該察覺從六塵而生的心，何以透過這些感受而來的、圍繞著這些感官而生的思考，讓人難以產生新的連結：「我覺得這樣就是這樣」、「我想要這些，就得如此」？何以產生其他的想像，問問自己「為什麼我會這麼想？為什麼我如此想要？」會是困難的？

這六種感官，稱「六塵」，聖嚴法師在《金剛經》註解描述：「就是色、聲、香、味、觸、法。『色』，是經由眼睛所見到的現象，包括顏色和形象；耳朵聽到是『聲』音；鼻子嗅到的是『香』，這包括香味和臭味……；舌頭嚐到的是『味』；身體四肢所接觸到的物質或氣溫是『觸』；『法』則是我們的思想、語言、文字、符號和記憶，這些都稱作『法』。當我們的六根接觸外境

時便會產生種種反應，面對這些反應，心中不受影響，不留下任何痕跡，這就是『無住』……《金剛經》的目的就是要我們發無上菩提心，成無上菩提果……為此需『心無所住』，住的意思是執著，心裡有罣礙、很在乎，如果心頭不牽不掛，就叫『不住』」。

在精神分析取向的治療室中，也有「不住」的努力：個案自己對於一件事的看法，治療師會想「是不是還有其他可能？」這種「不住於法」也體現在夢幾乎無窮盡的可詮釋性；也有種說法，在治療室裡，是爲了既可以玩耍、也可以作夢。但這是件知難行易的事，要想像「無住」的可能，在醒的眞實裡，要能離上述感官一段距離好思考「何以如此」是困難的，或許我們可以來到夢與夢思的範疇嘗試：夢裡的六塵，比清醒時更不眞實，但這些「感受」卻得以被清醒時的心智思考，它們可以比肩清醒所經驗的記憶的份量。有時夢思會讓我們好奇、困惑，有時這些感受的強度甚至更勝於實際發生的某些事；這樣的夢成爲一個充滿吸引力的事件，便如一個中介，把「有什麼」帶到眼前，像是在提醒自我，在意識感受到的這些，還不是全部，但它們存在感官之外；或許可以說是屬於一種「無住」，在這個不留下感官的宇宙／層次，還有什麼是存在的。但要能滿足這些好奇，避免因爲想抓住過往習慣的觀點，以避免未知的失控感而過頭成了執著，如此的「心有所住」，或許用得上比昂描述無爲的能力（negative capability），這是要接近O，或者經驗O的轉換所需要的能力：「當一個人能夠於不確定、神祕、懷疑之中，不急躁地追尋事實和理性」（Keats in Bion 1970：125）。對比昂來說，無爲能力是從分析情境的環境和事件中治療師消除任何期望，並更具體地關注開放、直覺的觀察，並對觀察的意義進行反思。比昂認爲，詮釋，更具體地說，分析師相信自己有能力詮釋（理解）是控制的徵兆，並且會干擾任何在分析中成爲O的可能性（Fuery, 2018）。（薩所羅蘭／山風頻道，2023.03.03，郭淑惠譯）

比昂的O，是一種不可知的終極眞實，而我們頂多是設法經驗接近它的經驗，其中一種方式，透過發現精神分析對象（psychoanalytic object），他常使用數學概念來說明自己的想法，因此可以先從數學對象（mathematic object）來理解比昂描述的精神分析對象：「數學對象是數學中的抽象概念。用數學的普通語言來說，對象是任何可以或已經用演繹推理和數學證明正式定義的物件。一般地，一個數學對象可以是一個能代入變數的值，從而可以用於公式裡。經常遇到的數學對象包括數、集合、函數、

表示式、幾何形狀、其他數學對象的轉換和空間。」（維基百科）

而精神分析對象「……是一種功能–根據介入的變因而異–可以形成無數的表現型；是由素材之間的恆常連結（constant conjunction）所構成的功能。這種變化外顯的底蘊的穩定結合是不可言喻的、也不是邏輯演繹能夠推導出來的。」此處「恆常連結代表當我們看到某件事物總是『造成』另一事物時，我們所看到的其實是一件事物總是與另一件事物的『恆常連結』。但這並非是線性的因果關係，只能說有關係，但以甚麼樣的方式產生關係還需要更多想像。」（山風頻道，2023.02.09，王明智譯）

當我們有一種感官，會產生一種相對應的解釋，而這個解釋幾乎跟感官是合爲一體的，彷彿那是認識世界的最根本、無可動搖；作爲感官之一的思想，也伴隨這樣的看法，要想像這些看法變動的可能，例如去想像「吃下我眼前的食物，會讓我不再飢餓」之中的飢餓，還有別的想像與解方，在平時是不容易的，但那不代表某些我們如常確信的事，就只有唯一一種解釋。

精神分析對象是無意識中存在如公式般不變的功能，在意識所見是會不斷變化的，可能是透過各種感官來呈現自己，他舉例像是「替代語言帶來的故事，是潛在的恆常連結的不斷變化的外顯，其中故事的意義、故事起源相關的假設、以及與個案過去的關聯，不如這以下個事實來得重要：這種潛在的連貫性不斷重複地以一種選定的事實現身，藉此表現自己。」我們期待看到一個確定、可被描述與探知的公式，但我們的感官所知，僅限於這個功能所變換出的結果，無論我們遭遇什麼經歷、觸及什麼感官，它都會給予不同的結果，乍看之下撲朔迷離，但這些迥異的變換卻能勾勒出一種無跡可尋的規律，是能讓人接近O的。

然而這樣，勢必要讓人發現事情並非全由意識所能觸及的世界所習慣的因果邏輯運行，這樣的邏輯是可能隨著情緒與思想變化的，比昂描述：「O超出了感官的掌握，爲了空得足夠，使內在智慧由內散發出來、成爲內在的，只能通過一種類似冥想的紀律—放棄記憶、欲望和理解（以及自我）—來短暫體驗。接受內在品質的感覺器官被稱爲直覺，比昂的『第七僕人』，根據他的說法，只有通過有紀律地放棄記憶、欲望、理解和感官印象，才能實現直覺——也許我們也可以加入在東方意義上，對自我本身的放棄。直覺是仰賴感官的觀察的可逆視角。終極現實也與比昂的『貝塔元素』、康德的『物自身』（thing-in-themselves）、拉康的『眞實的記錄』（Register of

the Real）、原始的混沌（現今我們稱之爲『複雜性』（complexity））有關，並且，相悖的是，原始的和諧與寧靜，取決於我們與之『合一』（at-one）能力的成熟度。」（Grotstein, J. S.,1997）比昂描述第七僕人，在前六個僕人（什麼、在哪裡、何時、爲什麼、誰、如何）休息後，找不到的那個才現身（the missing one completes the seven）。或許可以想像，是需要將思考這種感官置身一旁，不再尋找一個固定不變的結果，畢竟它們都是精神分析客體的產物，這樣接受了無常、或者說，捨棄了種種因果的想法，像是同意了事物之間的恆常連結，或許類似於《金剛經》描述觀照的智慧。

「般若」的梵文原文爲Prajñā，就是智慧，它有三種內容：

1. 實相般若：實相即無相，是超越語言文字，超越一切現象，但是又不離一切現象。一切現象經常在變化，而實相雖然沒有一定的定相，但它是如如不動的。
2. 觀照般若：觀照則是用佛法的觀點，來觀察我們的生活環境及身心世界。只要深刻觀察我們的身心世界，就可以發現它是變化不已的，所以是無常的；

因爲一切現象變化無常，所以沒有一個眞實的我，也就是無我；再進一步觀察，旣然無我，所以是空的，而能體證到這個空的就是「觀照般若」。

3.文字般若：所有用來說明苦、空、無常、無我等道理的一切經典及種種文字，例如《金剛經》、《心經》，都叫作文字般若。

從文字般若開始，知道有這些痛苦，這時痛苦還可以只存於「我以外」，再來是觀照般若，發覺自己的內在有些感受、以及感受的恆常變化，因而難以有一個「被掌握而確信」的存在，「無我」如同宣告「過往的種種確信」的結束，這種斷裂的經驗，像是一個「事後」的死亡：因爲現在的「活」才能回頭感受過往未曾感受，因此在過去形同不存在的死亡。在理解「死亡」的內裡，浮現的「活」，是一種嶄新的連結。「死」帶來的不只是那個狀態當下的虛無，還包括在這虛無之中卽將誕生的嶄新發現，如Rudi Vermote在《Reading Bion》描述的：

「世界是未知的和神祕的，而不是我們所感知和所想的。從他的工作開始，比昂就專注於一個不可知的非感性眞理，它支配著感性世界中的現象。正是在破壞性的經

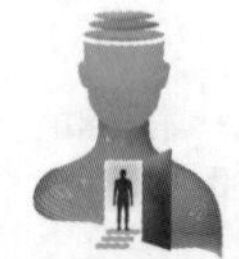

驗中，在我們的思維和感知中出現裂痕，才揭示出還有其他看待和思考未知世界的方式。這些中斷嵌入在比昂（1989）的caesurae（休止符）概念中，這是世界相遇的一個點。在這些點上，我們有其他東西的感覺，但仍然保持不變……比昂專注於『看到恆常連結』，而不是尋找僅限於心理功能一個維度的因果關係和敍事聯繫和推理。」

這個休止符的意象，連結到《金剛經》的全名《金剛般若波羅蜜經》之中被省略一個字的波羅蜜多「是梵文pāramitā的音譯……它的意思是到彼岸，也就是從苦難的這邊，到達離苦得樂的那邊，亦卽超越生死的苦難，渡過生死的大海，得到解脫，所以波羅蜜實際上有超度的意思。一般人常常以爲念經是爲了亡者，是爲了超度亡靈，其實這是本末倒置；因爲佛說法主要是爲了超度我們活著的人。」兩者都有一個岸要渡，前者以無爲的能力等待的時間感呈現，後者則描述了苦與樂的轉換。

在外在現實的生與死，帶來的是能夠清楚明白感受的痛苦，這些感受，呈現在一個人的心智之中，如果也有著生與死如大海般距離的情狀，並且，是這些內在狀態與外在現實的生死之苦共鳴、或說內在狀態透過外在發生的事再現了，可能容易被人本末倒置地認識這個詞，讓人習於只在外在客體身上思考痛苦，而不覺得這與未能被自己所承受的感受有關；需要被超渡的、經歷生死之苦的是亡靈，而還不是我心中的某一部分——或許這正是一個生死交關的行動：在面對這種強烈的痛苦，心智有一部分死去了，也因爲死去，所以無法被感受，也就彷彿不曾存在。

難以於內在感受這種痛苦、難以「不住於外」或者心有所住，但不曉得何以如此，這樣的記得／執著就如同一種沒有語言的行動，只留下外殼而內在因爲缺乏理解因而形同空白；或許要能「無所住」要先足夠多地「有所住」，透過這些掌握，得以獲得妥善體驗的經歷；這也包含在過往習慣的因果邏輯之外，恆常連結帶來的體驗，藉此，更接近O的轉換：「比昂在1970年討論了O的轉換，T（O），將其作為一種，在一個未被表徵的層面上，新的情感經驗，可能在分析中發生一兩次，但這使得分析可以終止。這個例子顯示了Bion所描述的T（O）的特徵：它是一種意外發生且在經驗層次上不可求的經驗，其結果是心智變化。」（*Reading Bion*, p211.）

O之中的轉換與成爲O（become O）常被視爲同一件事：「在會談中成為O（become O）意味著與『區』（the zone）、幻覺層（halucinatory layer）、未分化的心智功能層級接觸。相較而言，思考、控制和判斷通常會導致脫離這種心智狀態。成為O是此時此刻與患者同在的一種純然情感經驗，藉精神分析設置（分析框架和基本規則）成為可能，它允許分析師嘗試保持自由懸浮注意力、維持盡可能的開放，正如比昂所說，在時空框架之外進行分析。分析師可以最大程度地認同病人，同時不感到分隔地接觸他／她自己內在發生的事情。」（*Reading Bion*, p.208）

然而，我們不會眞正知道個案的內在狀態爲何，思考、理論與過去的經驗，比較像是一種立足點，讓我們在這個無可得知的情境中，暫時有個方向，如比昂描述，純然與個案同在的經驗，最大程度地認同病人，除此之外，在無意識中也正發生一些事：「我們可以說在非語言、未分化和無意識的層面上與患者有接觸。換句話說：就好像在一種共享的領域中有一種接觸，導致分析師無意中的一種行動化（acting in），結果是病人感覺被看到了。可以這麼說，發生的事情是我們意料之外的。」（*Reading Bion*, p.211.）

非語言的情緒雖說可以被理解、言說，但是如潛意識一般，被搬到意識來的就不是潛意識了，被說出的情緒，就不再是情緒了，因此這些言說充其量只能說是一種「未飽和」，而這些未飽和如同必須等候第六個僕人休息之際，第七僕人才會現身，未飽和的本身，或許可以說就是情緒的其中一種特質，而「只是經驗」便是接受／接觸它的方式了。

「O不是心理現象，也不是幻影；它只是患者和分析師各自單獨的經驗，以及會談中的集體經驗。在分析中，病人的言說和行為是構成O的全部，構成分析師應該詮釋的全部。它無法被知道——我們只能成為它（can only be it）。這是非人的。被分析者和分析師之間的情緒情境構成了……與另一個演進交會的持續演進的O（Bion，1970）。」（Grotstein, J. S.,1997）如同照顧初生嬰孩，要能讓他知道「這是餓的感受」需要先讓他平安長大、或者說照顧者首先得與他一起經驗與長大（living an experience together）而不是優先考慮自己的需求「你不要哭、不要……」因爲這種困難，也發生在照顧者內在—身陷一個自己語言無法溝通的情境，還能使用什麼？

而語言是從這些共同經驗的過程，看著彼此的嘴巴、聽著聲音以及記得方才的情境，更重要的是，因爲有過往的共同經驗，才能一字一句地一起被彼此認識，如比昂描述的，與另一個演進交會的持續演進。在這種全新的、當下的感官之中，去建構病人自己所想的一以外的可能，用我們的二，來等待更多的三。

若從古典精神分析的伊底帕斯情節出發，在這個過程中，孩子是要與母親融合、還是要認同父親，這個二擇一

的前奏，走到後來，可以暫時有一個「綜合父母的認同」再到青春期結束後，有一個「我」的存在：我既是父母，但也不是他們，我是一個藉由他們的話語和對他們的認同得以發聲的存在，但我還有更多可能。

這也像是治療室中，一個夢可以有個案的夢思、可以透過移情關係得來的詮釋，但也可以有第三種可能，甚至不只第三種的可能，這與佛經裡「不執中」的概念相互呼應：「龍樹菩薩所造的《中觀論頌》，所談的是般若思想的『空』，般若的『空』也就是『中道』，論頌中對『中道』有很清楚的解釋：『捨二不執中』，捨兩邊而不取中間，這才是真正的『中道』，這才是最自由、最自在的。」

在精神分析取向治療的這個過程，治療師充當了個案沒能想像的異物，將這個內在的相遇，搬移到治療關係中，認識它，也包含那些不想要、恐懼與各種拒斥的手段與行動／思考，這些「有」，讓本不存在的異物「無」現身。此刻的治療師，充當了夢思，在諸多的「有」之中挾帶了「無」的可能，不再只是一個真實有名字的人、個案過往的投射對象或者他生命更早年經驗到的部分客體，治療師不再「住」了，如聖嚴法師於《金剛經》註解對於「三輪體空」的描述：「布施之後，心裡不會一再念著我布施了多少東西、做了多少功德，或是已經度了多少人，這就是『無住』……沒有布施的人、沒有受布施的人、也沒有布施的東西。『輪』指的是不斷地運作：有布施的行為、受布施的行為，以及布施的東西；這樣的運作一定要不停地進行，但是三輪雖然不停地運作，卻不要以為有一個真正、實在的我在做。」

這種源源不絕的運作，如治療中一種有種不飽和的氛圍、一種持續詮釋與思考的需要「分析、故事和神話創造活動的動力，源於替不可想像和不可言喻的事物找到一個空間／時間的需要，以及一種引領思考和語言能力的功能。歸根結底就是與場域中出現的情緒合作，將它們編織在一起並再次重新編織。透過神遊（reverie）與志趣相投，這允許涵容／被涵容（♀♂）的發展。所有這些轉換中過渡階段、一次次的會談的結果，帶來一種能力，能將原始情感編織成意象、編織成過去被緘封的故事或記憶，甚至是從未眞正發生過但在場域中被構建的事實記憶，並以連綿延遲（après coup，事後）的行動，將它歸予時間。」（*Reading Bion*, p.246-247.）

如《金剛經》裡的「無相」、《大般若經》與《心經》所講的「空」，就是「非有」；「非有」才是「眞有」，因爲「非有」是「空」，「空」是不會變的，才是

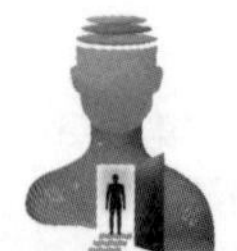

眞的；因爲只要是「有」，便不停地在變動，不是眞的。但也需要從這些有之中出發，才容易映照出「眞有」；或許我們不用急於說那就是「眞」，畢竟這是透過言說的，姑且想成，衆多的「有」還有讓它們持續出現、再持續幻滅的背後，引領至足以跳脫出這個框架的感受，的這整個集合，稍能接近「眞有」。

既已感受到「眞有」，便較容易「不住」，而無住的心不但能夠照常運作，而且它的功能和反應遠比一般心中有執著、有煩惱的人，還要更淸楚、更活潑。這樣的不執著所帶來的活力，在比昂的描述中也可見一斑：「在我在與所有成員工作的過程中，發現前概念（pre-conception）的窒礙特質後，患者的分析變得更有生命力。無論這些前概念源於我有意或無意地從與患者的接觸中收集到的、或者它是我在另一個場合中聽到的東西、或者它是某種精神分析理論，都無關緊要。活靈活現的品量與接受非語言特質的意願，兩者的增長是相關的。隨著我越習慣於忽視某些記憶和慾望—或者像佛洛伊德描述『人為地蒙蔽自己』—我發現病人說話的企圖，越無法引起我的注意。」（Bion 1989）

夢的感官與眞實感官的不同，讓前者如一種介面，思考各種詮釋的可能；我們更常聽見「這件事就是這樣，這個人就是這個意思」但在夢的詮釋中「這好像是這樣，但我也不太確定」似乎更有彈性，可以比較容易在無住的狀態下，「感受」還有什麼可能？在比昂描述的無憶無欲的狀態下，感受、欲望與記憶成爲一種理解當下的素材，不再是要被反應的刺激，這種角度與狀態，讓它們有了別種詮釋也有了自由，並且「可以說每場會談都變成了一場夢，一起分享、講述，一起行動，它放棄了真實的或歷史的真相，轉向情感敘事的真實，其中的故事、轉變、洞見，尤其是態度都栩栩如生——我的意思是做夢的能力，將一切將自身施加於感官和原始情感的東西轉化為神遊，轉化為意象。每一次會談都是一顆珍珠，念珠上的一顆珠子，通過所有它的『奧祕』，並非走向飽和，而是向著步上旅程的能力，順行與逆行，像在某些科幻電影裡，可以在時空中旅行。」（*Reading Bion*, p.246.）

在治療室裡作夢與幻想，有賴於個案對於治療師的依賴與信任，因而可以將後者用作過渡客體；Green用另一種方式描述Winnicott關於過渡客體的概念，除了是明顯地用來作爲滿足需要的、被欲望的或被幻想的客體之外，客體的另一個作用，是自我的虛（negative）。但要能感受虛，這種難以意識想像的概念，是需要方式的，否則進入赤手空拳從文明都市走進原始叢林般；亦如我們

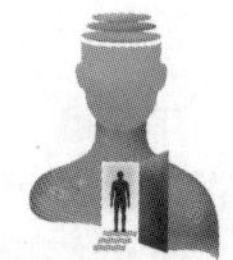

不是想著知曉（征服）O，而是成爲（體驗）它。「比昂揭示了這無法言喻的模型，超越我們既存容器的容器，一個永恆不飽和的空，一種以嘲諷的懷疑破壞每一種決定論的確信。簡言之，偏執－分裂狀態的被害焦慮，和憂鬱狀態的抑鬱焦慮構成了情緒透鏡，繞射O的令人敬畏。如果過早的過驗，但卻沒有這些繞射透鏡，我們可能會像羅德（Lot）的妻子一樣變成鹽柱，即成為『真實的孤兒』」（Grotstein 1995a，1995b）

心智無所住以前，得先從有所住開始，經驗並理解夠了，便能一面有所住、一面無所住。這源於治療師或者母親的照顧功能，身爲異於個案的眞實，帶來了不只眞實世界所帶來的感官，還有治療師神遊的意願，像是成爲夢的本身，讓感官引起的念頭也如醒著的夢思般，是可以持續做夢下去、處在未飽和的無所住裡。除了身體對於進食的眞正需要之外，發現了心智對於「飽」的需求是與源源不絕的「未飽和」有關情形。擁有自己的消化能力（alpha function），諸多感官可以被消化而不再執著於我要吃（接受）什麼（感官）；不再執著或者極力避免的感官，不再只是外在的刺激（impingement），因而毋須控制（reaction），毋須切割體驗。

「比昂還描述了一種反向的動作；『夢見夢的夢者（the dreamer who dreams the dream）』關注所見的生活事實、人為世界的經驗與感官並將之轉換；創造關於它們的意象、假設與夢境。如此一來，這些經驗、感官與思考便足以接近休止符之後的區域。分析師可能嘗試促使兩個世界間的運作，這兩種在休止符兩側的運作方式，透過說著身處O與K相遇的頂點所浮現的語言，透過觸及O的直覺。」（*Reading Bion*, p.209.）

直覺在與個案人格的精神病部分（psychotic part）工作時，也較其他六個僕人更能接近這個與大多人的現實有所不同的「異世界」。這樣的狀態，也可以用來描述一個夢或許沒有最終極的詮釋，也可能沒有要傳達的意思，然而在分析之中，對於夢的詮釋仍然會繼續，猶如在不同的層次／宇宙之中，這是同時發生並且不互斥的事，而夢則會不斷發生、我們嘗試理解夢思、並且持續給予詮釋並接受詮釋；在那個片刻，也可以說即使有治療師、被治療者與夢，但也可以都沒有，這些身分與位置的不停運作，在等待的是某個轉換的片刻，T（O），可能帶來分析的終止；或者說，在分析關係中，我們嘗試把某些停滯的生命，放在這樣的循環之中一次一次地觀看與經驗，那些事件像是比昂描述的一種向量，在無意識的宇宙飛行，在向

量之中存在時間但在宇宙中的其他向量看來，可能未曾移動或者不具時間——只有與其他向量交會之際，轉換發生時，才產生另一種可供對照的時間，動與不動，昭然若揭。

References

1. 聖嚴法師《金剛經講記》，2010-07-24。http://www.book853.com/show.aspx?page=11&&id=138&cid=78
2. Rudi Vermote. Reading Bion, 2019, Routledge.
3. Grotstein, J. S.（1997）Bion, the Pariah of ‘O’. British Journal of Psychotherapy 14：77-90.
4. 數學對象https://zh.wikipedia.org/zh-tw/

陳建佑

精神科專科醫師

臺灣精神分析學會會員

精神分析取向心理治療師

高雄市佳欣診所醫師

「O」夢。萬花筒

與談人：許瑞琳

回應陳建佑的〈思夢的醒：不住於相，

誰在掌管白天裡散步時刻有醒的夢思思〉

「O」墜落

Fall asleep，跌入夢鄉；芬尼根從梯上墜落，跌入死亡；墜落到更深的地底，跌入深邃的潛意識。潛意識是一團未經分化、變幻莫測的幽幽暗暗，喬裝成各種形體現身，隨即又化為一縷青煙消逝，只有在深沉的夜的掩飾下，幻化成夢出沒，是停留最久的型態，夢像蜻蜓點水般悄然無聲，得揉眼定睛細瞧那水面上的漣漪，同心圓擴散出去漸漸平淡的波紋，夢過水無痕，心智卻已然被擰了好幾下，留下皺巴巴的痕跡。閱讀《芬尼根守靈：墜生夢始記》就像做了一場這樣的夢，夢過像是沒夢過，看過像是沒看過，雜亂無章、乖誕荒謬，不合邏輯的句子爭先恐後地冒出頭來，用力衝撞你的腦容量，複合字、雙三四五甚至十關語在你的眼前拼命膨脹，食不下嚥也吐不出來，完全消化不良，看了一頁即想闔書，完全無法放進記憶點，

反覆反覆直到理智撤退，放任自己墜落，跌入由文字密密交織出來的密林中，穿梭在拆解、變形、合體的字詞裡，從英文幻化成德文法文拉丁文……，看中譯本揉合了台語國語俚語……，亞當從伊甸園墜落到二戰原爆墜落到華爾街大樓墜落，從HCE（Here Comes Everybody）幻化成芬尼根、都柏林、諾亞、佛陀、穆罕默德……，反正潛意識無國界、無時間、無信仰、無道德……，就是一團混沌不明。這是愛爾蘭天才巨擘喬伊斯思索十七年之作，他在書出版後幾個月離世，為後世留下一本曠世大夢，學者前仆後繼研究解夢，夢的顯意是這本書，夢的隱意在大家的自由聯想下，光是一個字的解釋就有七十個版本，每當你更了解歷史脈絡和人性後，就又出現一把鑰匙讓你可以把門推開進入更深的殿堂，沒人知道這本書還埋藏多少寶藏，只知道墜落下去的樂趣越來越妙不可言，就像把揉皺的紙攤平，順著皺摺到處遨遊。

「O」窺視

我到圖書館借了《芬尼根守靈：墜生夢始記》的析解和普查，順道借了一本愛爾蘭的旅遊書，我想看穿越首都都柏林的利菲河，都柏林灣的海水如何猛烈地拍擊霍斯山，芬尼根愛去的酒吧，試圖理解這塊綠草如茵的大地，有綠寶石島美稱的愛爾蘭，被英格蘭殖民統治八百年的辛酸史，反覆上演的殖民地戰爭、新教天主教戰爭、及內戰，書中何以用兩個兄弟之爭來呈現，聽華格納寫的《崔斯坦和伊索德》歌劇，感受發生在蘇格蘭和愛爾蘭間禁忌的愛情，何以濃烈到以死相許。意外發現小小的都柏林誕生了四位諾貝爾文學家，但他們都死於異鄉，旅遊書上有一張喬伊斯的雕像，我很意外他的左眼是瞎的，我查了醫學資料，喬伊斯患有反覆發作的急性虹膜炎導致慢性青光眼，他的視野因此越來越狹窄終致半盲，他的視野就像從地洞中向上仰望，就像透過隔柵狀的窗櫺看著被分割的風景，就像小孩透過鑰匙偷窺父母交媾的場景，是否越被限制的視野反而喚醒喬伊斯越趨強大的慾望，讓他在字與字間、音律節律間、宗教神話歷史間，不斷地不斷地交媾、連結，這些過重的慾望不是薄薄的書頁可以乘載的，向讀者我們煽情地潑灑過來，鋪天蓋地的性、暴力，或是以昇華一點的形式，幽默、嘲諷，薄薄的書頁和窗紙要掩飾的是什麼？在愛爾蘭，傳統的天主教家庭是不允許避孕和墮胎，喬伊斯的母親總共懷孕了十四次，他的童年就是在父母交媾、背叛中渡過，母親永遠在忙著照顧下一個嬰兒，他要如何殺掉父親獨占母親呢？伊底帕斯的願望要如何才

能實現？

「O」漩渦

喬伊斯的哥哥出生八天即夭折，不到一年，喬伊斯出生了，他的父親說他的心早在那一刻跟著大兒子一起埋葬了，似乎他只是替代哥哥的存在，篡奪了哥哥的嬰兒床，喬伊斯還不到一歲，母親的第三次懷孕就以死產告終，喬伊斯最早年的經驗是浸泡在充滿悲傷的羊水和淚水中，殺掉父親的願望似乎用殺掉手足替代了，身爲勝利者又或是倖存者的罪惡感就像漩渦般席捲了喬伊斯的一生，虹膜炎是一種自體免疫疾病，免疫細胞會不斷不斷攻擊他的身體，慢慢啃食他的視力，這是伊底帕斯刺瞎雙眼的變形版嗎？喬伊斯也是離開祖國放逐自己，在文字大海中漂泊流浪，試圖用更瘋狂的文字取代內心的瘋狂。《芬尼根守靈：墜生夢始記》是這樣開頭的：「riverrun, past Eva and Adam's, from swerve of shore to bend of bay, brings us by a commodius vicus of recirculation back to Howth Castle & Environs. 川流，經過夏娃和亞當教堂，從海岸的逶迤到港灣的曲折，攜同我們沿著罪惡相生一再循環的寬敞街衢迴轉到霍斯城堡及其領地。」第一卷

第一章的結尾：「那些是各國語言衆多舌頭用來鞭撻攻擊他的，……，對此，他終究會毫無畏懼地在意料之外的時間點上，負起彌補的責任來。」第一卷第二章的流言蜚語就像火山岩漿，沿著書頁一頁一頁地往後流淌，結尾是由聽來的所有傳言編成的一首歌謠《珀斯歐萊里之歌》，HCE被刻畫爲當地所有壞事的始作俑者，並刊印發布廣爲流傳，喬伊斯是這樣活在自己對自己惡語毀謗、滾燙的罪惡中？就連應該要保護自己的免疫細胞也加入攻擊自己的行列？喬伊斯年輕時是活在一個又一個的可怕夢魘中，夢裡充滿著死亡、屍體、和謀殺。

「O」酒桶

泥瓦匠芬尼根喝得醉醺醺的，從梯子摔下喪了命，他的太太爲他舉行守靈會，前來悼念的親朋好友在靈柩旁狂喝威士忌歡唱，差點將他的屍首當作餐點享用，在喧鬧中芬尼根意外被迸破的酒瓶濺得滿頭都是酒水，酒香刺激他甦醒過來，但人們把他按倒，叫他安息吧，已經有人來接替他了，他的繼承人是酒店老闆伊耳維克（Humphrey Chimpden Earwicker／HCE），伊耳維克斷斷續續的夢境構成了這本書主要的內容。不只是用伊耳維克取代了芬

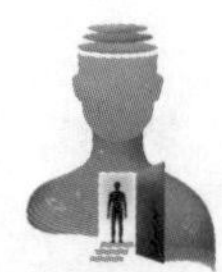

尼根，喬伊斯也企圖用這本人造幻夢取代自己的噩夢，酒像是冥河般擺渡了生死兩界，芬尼根因酒醉而死、也因酒復活，大大的酒桶擠進好多好多大小人物，從遠古的諾亞方舟駛向現在，聖經、神話、歷史英雄、民謠軼事、政治人物、市井小民，全都共用了同一空間和同一時間，像個旋轉舞台，舊人殞落、新秀興起，利菲河依舊川流不息。喬伊斯用這個大酒桶讓每個人浸入醉醺醺的狀態，一種連通萬物事理的海洋感覺，生和死的邊緣豁然開朗像海洋般壯闊了起來，他大膽地玩弄文字，模糊了字義語詞界線，恣意讓文字長成奇形怪狀、甚至高入雲霄，句子像一棵棵盤根錯節、充滿歷史意涵的大樹，聚結成一片深不可測、就像是迷霧中的黑森林，讓人望而卻步心生恐懼，但進入／浸身後（關掉意識放鬆自己不求甚解），就像跌入夢中，頻頻訝異現形於眼前的一個又一個複形組合意象，就像西班牙畫家達利的畫，複合了風馬牛不相及的物品，加以扭曲變形，將時鐘變成軟塌融化的柏油垂掛在地面，以去除時鐘來得到「記憶的永恆」，沒有時間和律法的世界何罪之有？得以重生！

「O」迴圈

喬伊斯和佛洛伊德身處同一個時代，佛洛伊德在父親過世後，沉浸在哀痛、過度工作、憂慮自己不能揚名立萬中，佛洛伊德藉由書寫《夢的解析》（1900）——這本經過僞裝的自傳走出危機，他在分析自己的夢時發現伊底帕斯情結，於是他在扉頁寫下「即使不能震撼上蒼，我也要攪動地獄。」1920年佛洛伊德提出死亡本能，認爲強迫性重複的噩夢即是死亡本能的展現，爲了有一天，生之本能可以克服、改寫重複痛苦死亡的命運，將之從無助的迴圈拉出、重生。精神分析就是提供一個讓個案做夢的場域，如同喬伊斯在《芬尼根守靈夜》討論HCE的夢想和噩夢，從史前史到現代史，藉由在潛意識流和時間流中不斷地連結和展演，慢慢聚合轉化成新的更新的再更新的版本，利菲河（riverrun）始終如一帶著我們駛向唯一的目的地—HCE（Howth Castle and Environs）。

這讓我想起一個分析多年的個案，他有一個反覆出現的噩夢，黑暗中有一雙瞪著他看的眼睛，也許是豹或是什麼猛獸，虎視眈眈盯著他，隨時會撲上前將他吞沒，他總是嚇得全身是汗驚醒過來，每談及這個噩夢他總會心跳加速、伴隨強烈的不安焦慮感，危機四伏、隨時會被吞

噬，讓他在現實中不斷地逃離，搬家、換工作，在關係中只要嗅到一股不詳就立即斬斷關係，躲回他一個人安全的山洞中。這雙眼睛，我們做過很多詮釋，聯想過很多種故事版本，在最後一次分析，他想起童年的一段回憶，忙碌的媽媽常常把他一個人留在家裡，年幼的他總是用椅子墊著腳，讓眼睛剛好搆上鐵捲門上的信箱，他用小手撐開緊盯著外面等媽媽回來，一望就是三四個小時，他告訴自己他可以任意讓縫隙開大開小，他躲在黑暗中偷窺路人、偷聽門口電話亭裡的對話，像是黑暗世界中掌管一切的王，我說這雙眼睛好像他夢中的眼睛，想要掌握一切正是他一直以來的防衛，突然間，他想起當年的害怕不安，他害怕討厭一個人留在家裡，他無法安心地玩玩具看書休息，他不想當哭鬧不體貼的小孩，他只能這樣靜靜地等待媽媽回來，將鐵捲門拉上放他自由，年幼的他無法自己打開沉重的鐵捲門，這些被他潛抑的內容，選擇在最後一次分析浮現上來，他知道再也沒有媽媽爲他開門，瞪著他的眼睛其實是自己的眼睛，他最害怕的其實是被自己的無助無力所吞沒，而現在的他力氣夠大到可以將鐵捲門拉上了。這是我能聽他說的最後一個版本，但絕對不是他最後的版本，無論如何，他有力氣過接下來的新生活了。

「O」萬花筒

萬花筒是藉由筒內三面鏡子組成三稜鏡，在筒底放上五顏六色的碎紙片，每當旋轉就產生「不同角度」的組合，造成不同的「多次成像」，這些千變萬化的影像，每次看見都是第一次也是最後一次的邂逅。個案、分析師、及兩人之間的關係也是一組三稜鏡，潛意識的素材永遠在旋轉幻化成千變萬化的題材，要如何從萬花筒看見眞正的碎紙片？

·野獸派畫家亨利·馬諦斯（Henri Matisse）

色塊斑爛的野獸派畫家，是這樣用他五顏六色的碎紙片組合成一幀幀經典名畫："There is nothing more difficult for a truly creative painter than to paint a rose, because before he can do so he has to first forget all the roses that were ever painted."

一個真正有創造力的畫家最困難的事情，就是畫出一朵玫瑰花，因為在開始畫之前，他必須先忘記所有曾經畫過的玫瑰花。

"There is an inherent truth which must be disengaged from the outward appearance of the object to be represented. This is the only truth that matters. Exactitude is not truth."

在藝術中，必須將客觀物體的外在表象分離，找到內在的真實性。這是唯一重要的真理。精確度不等於真理。

"In art, truth and reality begin when one no longer understands what one is doing or what one knows, and when there remains an energy that is all the stronger for being constrained, controlled and compressed."

在藝術中，當一個人不再明白自己在做什麼或知道什麼，但仍然擁有一股被約束、受控和壓縮的能量，那麼真相和現實就開始了。

・《金剛經》

「復次，須菩提！菩薩於法，應無所住，行於布施。所謂不住色布施，不住聲香味觸法布施。須菩提！菩薩應如是布施，不住於相；何以故？若菩薩不住相布施，其福德不可思量。

不論菩薩用什麼來度眾生，都是布施行，行布施而不在相，意即行布施而沒有我相、人相、眾生相、壽者相，也沒有六塵相；若能如此，便沒有福德，而沒有福德才是最大的福德。因為假如執著有福德，一定有多少與大小之分，有一個質和量的範圍，唯有不執著福德，它才無限無量，不受多少大小的限制，這才是最大的福德。」（摘自《金剛經講記》聖嚴法師著）

「住」是執著的意思，「應無所住」指在布施時應該無所執著不要求回報；「相」是妄境的意思，「不住於相」，要不爲妄境所動，才能無差別心，不去比較布施者、受施者及所施物的差別。這跟佛洛伊德提出精神分析的技巧是一致的，分析師需要用他平均懸浮的注意力（evenly suspended attention）來傾聽，一種徘徊或自由漂浮的注意力，因爲一旦有意識地將注意力集中，就會開始從他面前的材料中進行選擇，有些會特別清楚地記住，另一些則相對應地被忽視，在做出這個選擇後，他將會遵循他的期望或傾向，當他按照自己的期望行事，他就會面臨除了他已經知道的之外永遠找不到任何東西的危險；當他隨心所欲，他肯定會扭曲他可能看到的東西。千萬不要忘記，人們聽到的大部分內容都是後來才認識到其

意義的。不住於相，在精神分析工作中才能獲得最大的福德。

· Bion on transformation

Bion比喻original transformed（O）像是一盤有各種顏色、大小不同的彈珠，我們所見到的是已經轉換過的第二盤彈珠，具有相同尺寸顏色的綠色彈珠（表相），我們不可能用和綠色彈珠同樣數量的第三盤藍色彈珠，反過來推敲第一盤彈珠的顏色和大小，因爲我們根本不知道轉換的規則。用此來解釋表相的替換反而遠離原初的眞實，太快得到的知識、公式，自以爲是的道德判斷、因果推論，是限縮封閉了O的轉換，必須保持無知和開放的胸襟，唯有未飽和的態度才可能接近原初的本質——趨近眞實的O。“A single malignant cell that lies waiting to become malignant.” Bion認爲人類心靈潛伏著癌細胞會擴散迫害我們的思考裝置，導致人傾向麻木不仁、愚昧、性慾化、行動化，將O限制在單一表相的答案，除非我們能打開感官和熱情試著去容忍無知和挫折，同時感受愉悅和痛苦。

“What is to be sought is an activity that is

both the restoration of god（the Mother）and the evolution of god（the formless, infinite, ineffable, non-existent）, which can be found only in the state in which there is NO memory, desire, understanding.”（Bion 1970：129）這個追尋同時是神（母親）的復原又是神（無形的、無限的、不可言說的、不存在的）的進化，只有在無憶無欲無知的狀態才能找到。母親的復原可以視為內在思考乳房的復原（Transformation in K），讓你恢復源源不絕的靈感（奶水）來源，riverrun，利菲河繼續川流不息。而神的進化可以看作是（Transformation in O），如同如來在《金剛經》所言：「一切諸相，即是非相。」又說：「一切眾生，則非眾生。」HCE既是HCE（Here Comes Everybody），不只是HCE（Humphrey Chimpden Earwicker），但終究是回到最初的HCE（Howth Castle and Environs）。

Oh！夢，萬花筒。《芬尼根守靈：墜生夢始記》、《金剛經》、Bion's O這組三稜鏡又能組合成多少千變萬化的夢呢？這是我的夢版本，你也試著旋轉你的夢版本吧！

Reference

1.《芬尼根守靈：墜生夢始記》，James Joyce著，梁孫傑

譯，書林出版。

2. 《為芬尼根守靈析解》，Joseph Campbell、Henry Morton Robinson著，馮建明等譯，書林出版。
3. 《為芬尼根守靈普查人物及其角色索引》，Adaline Glasheen著，馮建明等譯，書林出版。
4. 《夢的解析》，Sigmund Freud著，孫名之譯，左岸文化出版。
5. 聖嚴法師《金剛經講記》。http://www.book853.com/show.aspx?id=138&cid=78
6. Rudi Vermote. Reading Bion 2019. The New Library of Psychoanalysis：Teaching Series. Routledge.
7. Adams, M.（2018）The Beauty of Finnegans Wake. Remembering and Re-Imagining：A Return to the Father. British Journal of Psychotherapy 34：467-483.

許瑞琳

精神科專科醫師

臺灣精神分析學會會員

台中心身美診所醫師

精神分析取向心理治療師

第四章

迷撲離朔：諸相非相，當從表格座標裡走向未知而撲朔迷離

王盈彬

診療室群相中的已知，細細琢磨已知中（外）的未知。

這是許多思想、情緒、行動，被紀錄下來的過程（註六）。

一、初探

初閱《芬尼根守靈：墜生夢始記》中文版（註一），各種感官直覺覺得這是一本有關於「守靈」的書，一種面對死亡的感覺油然浮現。再仔細端詳這一個書名的細節，本來熟悉的一些文字組合，或被刻意的以不同的文字替換，也許受到閱讀書名的詭異感所困惑，視覺直接轉向聚焦到這一本書的封面氣氛，模糊中透露著綠光的幽冥，主觀感覺是要表達出一種和日常不同意涵的「附身」文字。之所以被我標定爲「附身」，就如一般所了解，當人原本的軀體被鬼神所占據時，原本軀體的樣貌姿態，會因此而變形，同時間，鬼神需要這一個軀體來執行其所願，於是這一個新的組合體，似像非像的混雜著雙方的元素，執行著無法向常人訴說的鬼神之道。

同時間，一種莫名的恐怖感漸漸襲來，不盡然是因爲無法理解的恐懼，而是接下來，有一種深不可測的畏懼感突襲，彷彿瞇起眼睛直視鬼片般的忐忑。無盡的猜測一一的從經驗的記憶流中自動浮現對照，或許是想要究竟，然而，感覺只要究竟到類似的場景劇碼，大有可能就此停手，也許是因爲有限總比無限來的安定人心，直覺像是逼著往地獄冥府的路途上，要給自己一個停下來而不再如此恐懼的落腳處。爲何是一種通往無盡幽冥的感覺？爲何不是一種準備接受驚喜的興奮感？和我有關嗎？和我的文化經驗有關嗎？和作者運用的文字有關嗎？和作者文字下所隱藏的故事有關嗎？和我或作者的那一個部分有關呢？或者都有關，只是比重分配的不同，而這樣的分配又和甚麼有關呢？

許多的問號出現，如同自由聯想般的啟動了相關的記憶和感覺，雜亂的盤旋了一陣子，再回頭重新仔細端詳這樣的文字組合，想要回到如平常閱讀書籍般的邏輯儀式，開始推測這本書所要談論的內容是甚麼時，我遭遇到了第二個困難，這是「醉生夢死記」的被附身嗎？或者是一種混寫，和「守靈」、「生死」、「墜落」、「夢」、「開始」有關嗎？

在我淺薄的文學資料庫中，卻遍尋不著這種文字組合的歷史文體。更多的問號浮現，堆疊在原本已經難解的問號上，翻了幾頁如天書般難解的內文，再次的挫折慌亂襲擊而來，繼續思考分析下去的動力明顯減弱了，要再試試看嘛？也許還好，書本蓋起來就是了，要趁著還沒有被激發起更強烈的絕望衝動前，可以隨時作罷，於是深深呼吸了幾口氣，就像準備把一份完全看不懂的考題，重新拿起來端詳，心裡想著至少解個幾題吧，不要零分就好，不知爲何的激起一種想要放棄又不願意放棄的猶豫感。

試著再一次速速掃視這中文譯本的內容，看看是否可以多一些線索來理解，雖然也不知道要理解的是甚麼，但是至少可以在頭腦中找到可以放置這些疑惑的位置吧，以便於日後隨時而不刻意的消化思考，就如同過往閱讀所有難解的文章一般，然而，第三個困難出現了。幾乎所有的文字都是生活用字，但是卻失去平常應該可以獲得的初步理解和連結，是我不夠專心嗎？還是這是一種古體文？還是這就像之前有人提醒的，這一個文本從一開始的幾句話，就足以讓人苦思不解，陷入深深的迷茫之中。不信邪

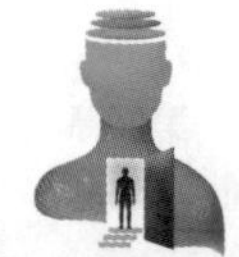

的認真，開始一個字一個字、一個詞一個詞、一段一段，進入研究閱讀的模式，殊不知，這種毫無規則可循卻同時似有規則的組合，更加挫折了企圖鑽研的迴光返照。

事不過三，理性的正規和備載能量幾乎消耗殆盡，如同所有的或柔或剛的戰鬥武器數量歸零，原本靜靜的文字，此刻卻像不斷湧入的敵軍，浮現的是一種即將被滅頂的慌亂和恐懼，完全無法想像如何整理成可以在期限內完成的文稿，以供討論。關閉文本來控制敵人，也同時關閉了視覺和理解的大腦，稍稍喘口氣，分神到不同的聚焦點，再來決定何時打開文本。

重整能量重頭來過，換個方式，先看看翻譯的序文，可以站在前人的肩膀上來理解，原來這些文字組合的初始，有個再平常不過的文化故事，裡面訴說著：芬尼根喝醉了，摔破了頭，像是死了般地被人抬回家中，大家依照習俗幫他守靈，在喧嘩中，不小心一瓶威士忌丟向了芬尼根，酒瓶破碎後濺出的酒水，喚醒了芬尼根，於是他加入了大家狂歡的宴會（註一，第五頁）。

此時，我浮現的版本是，難道這些混雜是爲了可以展現出現場的實況，那種人聲嘈雜、生死共存的一種日常，於是讓可以共演的文字組合，自然無序地浮現在文本之中嗎？就彷彿是用文字來書寫一種集結了情緒、思想、言語、行動的舞臺上的深度紛亂，是這樣嗎？一種臨場的眞實，轉換成爲文字組合時，要將實況的各種元素與讀者合一的目的，似乎可以「感覺」的到，但是那是甚麼？簡介文中提到，原文文本的單一單詞就有多達七十種的解讀方式（註一，第九頁），更何況是翻譯，甚至是閱讀翻譯本的我，不陷入五里霧中幾乎是不可能了。

於是，從這裡可以萃取出一些值得深究的議題，在精神分析診療室中，我們也常常有這樣的狀態，雙方都企圖訴說著彼此的想法，個案說的是自己的自由聯想，治療師說的是自以爲的詮釋，但是卻不會不常發現彼此陷入深深的五里霧中，百思不得其解，情緒張力油然而生，然而又存在著必須也想要的互相理解的動能，於是這樣的糾葛，也不斷勾引出了彼此在面對這種必須了解又無法了解的窘困感受和適應之道。

「精神分析師和分析心理學家都越來越明白，在分析過程中，分析師和患者都會陷入相互無意識的糾纏和投射，由此最終會出現個體化和理解。在精神分析中，Bion、Joseph和Alvarez的工作，探索了投射性認同作爲溝通的角色，患者需要分析師體驗情緒『患者需要分析師代表他或她擁有這些情緒』（Alvarez 1997，p.756），他們的工作是精神分析本質典範轉變的一部分，越來越強調

促進和理解無意識的關係過程，而不是對特定心理內容的準確識別。」（王盈彬譯）（註二）

雙方彼此被理解，被聽懂的重要性，超越了文字語言只做爲一種載體變換（transformation）工具的極限，就好像是一個人的整體性被感覺到存在了的必要性，而這種感覺必須以一種彼此合而爲一的方式，眞實的被附身才能見效。不僅如此，傷口要癒合才會有整體性恢復，於是，這種需要被全部看見或是被經驗到，成爲精神分析活動中一件相當重要的基礎與要求。

「儘管在理論和實踐上有這些發展，但我認爲，還沒有很多人認識到，病人『進入』分析師思想的強迫性需要，可能不僅僅是需要代謝和長大的嬰兒心理狀態的症狀，它可能會積極滿足以前被抑制的健康發展需求……我所暗示的不同之處在於，分析師的被強迫感並不一定是一種徵候，表明出那些應該被抵制的共謀。被強迫的經歷可能表明至少在一段時間內，通過使用索引性溝通（Indexical communication）層級的關聯，在目的論層面上有一種發展的需要，這種需要唯一重要的是分析師的行爲反應。」（王盈彬譯）（註二）

在所引用的這一篇文章所指出來的「索引性溝通」，定義如下段：

「索引性溝通（Indexical communication）是一種關聯模式，其中任何交流都是強制性的，就像動物的警報呼叫確保所有其他動物逃離接近的捕食者一樣；該信號不僅指向一個客體，而且它的功能還在於喚起其他人的特定行爲或情緒反應，而不給他們任何空間來反思該反應或選擇替代方案。」（王盈彬譯）（註二）

仔細端詳以上這段文字，讓我聯想到類似於Winnicott所描述的客體關聯（object-relating）狀態所可能需要運作的互動方式，也就是客體正處於與主體合而爲一，而主體並不自覺的絕對依賴狀態。也就是說，這些溝通語言的底層，醞釀著必須被知道以及感受到的元素，不能只靠理解知道，必須切身體驗存在，才能有接下來的運作涵容。

二、不斷橋接

相對而言，象徵性的理解或被理解，和眞實的被看到和接觸到，是兩件完全不一樣境界的事情，然而，兩者的並存和互相經驗，對成長而言是一件很重要的歷程。以視覺來比喻，先是看到了，然後有了體會，進一步思考和理解，然後再回饋給看的動作，來判斷接下來要看甚麼，或

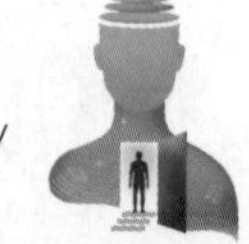

是其他的一些行動，然後再體會、再思考、再理解、再回饋，如此循環。

由這一個橋接的歷程來看精神分析，這一直是一種高度仰賴象徵性語言詮釋的學門與技術，於是也會經驗到語言的極限，而不斷的需在橋接著象徵語言極限之外的存在，來避免詮釋語言的死亡，進而確保語言的活路。

「雖然象徵意義對精神分析具有重要價值，但有人認爲，象徵意義可以遮擋被分析者或精神尋求者的情感體驗的眞實，特別是關於人類將通過冥想和／或精神分析遭遇產生的體驗狀態具體化的傾向。」（王盈彬譯）（註三）

此時帶入這一個《金剛經》的文字，「諸相非相」，直覺上是一個可以協助的中繼思考，當我遍尋不著《芬尼根守靈：墜生夢始記》文字組合的意涵時，一方面遮掩著自己文學內涵的膚淺，一方面也想要另闢思考的疆域，此時一個想法閃現，難道這就像以前碰觸過的一些遊戲經驗，這些文字只是一種聲東擊西的遊戲關卡，唯有有心人才能運用一些密碼技巧解題而一窺堂奧？

又或者，這些文字組合，原本就企圖要阻止閱讀者來理解，讓有心人功虧一簣的惡意設計？此時調動出來的元素，已經不再是要去理解這些文字是什麼，而是要不要花精力來進行溢於文字的體會了，然而，更加失去了方向，

因爲不知道要體會的是甚麼。於是這些縝密的思考向度，不得不面臨到一個極限，

「在這種僵局中，我希望我們都很熟悉，分析師和患者都越來越多地使用語言作爲控制行動，而不是象徵性的溝通，他們的關係變得越來越相互強制，每個人都試圖強迫對方做出特定類型的反應。病人想強迫分析師投入情感，而分析師想強迫病人用語言表達他或她的願望。事實上，我認爲每個人都在努力維護各自的自我機構，以對對方產生眞正的影響。」（王盈彬譯）（註二）

《金剛經》中有這麼一段話，「凡所有相，皆為虛妄。若見諸相非相，則見如來。」（註四），從其字面來解讀，以我對中文系統的熟稔，或可略知曉其意，而這裡所稱的「諸相」，指的是「諸色身」，大致上是指有形之容貌身體，這可以以這一段說明來細究爲，所有有形的存在，其實都是虛幻多變的，卽便如此，這些有形當然還是有其存在的道理，這和「緣起」相關，這或可想像和慾望相關，

「那麼，佛的三十二相，這莊嚴殊勝的三十二相，又是如何存在？因爲內在或固有層次的存在被否定，它們的存在，是由於緣起而生。因爲純粹依緣起而存在，轉而否定了他們具備獨立自性或固有的存在。所以，這裡的答

案，是依內在、或者勝義的層次所得出的回答。」（註四）

正因爲佛法無邊，終極的眞實與現象的眞實，互相掩護，不斷的轉換（transform）出各種的色身（transformations），以符合當下的利益（活路）。然而對Bion而言，在治療室中的我們，是在無限中，藉由解讀各種的轉換（transformations）產物，以逼近「O」或是「unknown」或是無限。

「所以，從表面上看來，同一位佛，卻傳送我們兩個層面的法：一方面，佛說，在與事物產生深度連結的基礎上，事物的確存在；它們將能利益你，佛的這些特徵將能利益你。然而，當你看到了這些好處，可能會陷入貪愛與堅持它的感受中，對事物產生渴望。爲了避免這種複雜的情況，爲了防止這種煩惱生起，爲了要斷除並且止息我們生起的貪執心，佛又接著告訴我們，這些事物，並不如它們顯現那般的存在。」（註四）

有了新的理解基礎，就換個方式來接收這些《芬尼根守靈：墜生夢始記》混雜的文字吧，暫時斷開爲了理解的慾望，而是爲了減少未知並與之共存，然後我會看到甚麼呢？按照行程，出門走走，逛進了座落於台南古都的奇美博物館，那是在樹海中矗立的一座西洋古典建築，著名的巡迴特展《時代的臉孔：從莎士比亞到紅髮艾德》正在進行最後一天的展演，這是英國國家肖像藝廊一百六十年來首次世界巡迴展出的台灣展區。晚些再前進到高雄，進到了一樣矗立在樹海中的另一棟自由流線建築造型的衛武營國家藝術文化中心，欣賞了來自巴黎的原版經典法文音樂劇《羅密歐與茱麗葉》。意外的，我得到了一些靈感和內心的轉折，從某個視野著手，《芬尼根守靈：墜生夢始記》可以是一部作品，充滿了喧鬧吵雜的聲音或語言或思想紀錄的生活作品，以及來不及說清楚的實況。

三、再探

再閱《芬尼根守靈：墜生夢始記》，既然看不出甚麼，序文也有提到，只要不去管個別文字或文字組合意義，只是順順的把文字唸出來，反而會聽到一些感覺（註一，第十頁），也許就像一些大家耳熟能詳的旋律，文字就像是拼貼一般的藝術創作，散落在這樣的旋律之上，一種溢於言表閱讀之外的存在方式，傳遞一些非文字意象的感覺，而非文字本身的意義。

只是這原本是一種英文系統的呈現，被翻譯為中文系統之後的聽覺組合，不知道是否如同英文所想要傳遞的非語言感受，但也無妨。

或也可以由此推演在漢字的六書系統中，也許類同了轉注（「轉注者，建類一首，同意相受，考老是也。」《說文解字序》）和假借（「假借者，本無其字，依聲託事，令長是也。」《說文解字序》）的文字功能。也就是已經離開了造字組字的系統（象形、指事、會意、形聲），而是到了「使用」文字系統的階段，以此爲理解的開始，可以漸漸的切入，到底作者要「使用」這些文字系統來表達或傳遞一些什麼樣的訊息呢？又或者作者是想要創造新字新詞，來處理已經被發現存在，但尚無法有其文字代號的狀態？

四、雜音與獨奏

「雜音」，從字面上來說，簡單的歸類就是一種亂碼，而其起源要如何來思考與尋找，而這種亂碼有企圖要表現的是什麼樣的意義？如果從一種發展學的想法來看待，也就是在文字形成前的過程，以繁體中文來說，也就是在象形、指事、會意、形聲、轉注、假借，這種文字形成之前的一種狀態。換言之，如何從眞實形成文字，從行動到文字化的過程。當然也可以是一種反向，已經形成了有意義的存在，卻刻意地將它打散打亂，企圖要改造既存的造字文字系統，表現出什麼樣的一個動機，引誘著閱讀者的探究？

當企圖窮盡所知的逼近，最後放棄時，只能回到最原始的感官感受，重新來過，或許是一種重複，但是更可能是一種創造。以腦科學的白話文來說，開個玩笑，就像大腦無法思考，就用腦幹來感受，這其中也參雜了情緒的轉折，情緒彷彿一種助力或阻力，而在可以使用的情緒感受中，有一些未知或莫名是存在而等待著被發現的。

當原本以爲順暢的文字，被加入的不相干的文字侵擾了，閱讀起來，深奧難解，漸漸地想要放棄，完美的被破壞，又像是在旋律中的雜訊，想要額外傳遞一些甚麼訊息，卻又無從讀之，也許像是摩斯密碼，夾藏其中，但是也有可能是喃喃自語的拼湊，只是維持著一種聲音。

一種想讀懂，又無法唸懂，這是一種文字溝通，這種文字的組合，似曾相識也未曾相識，到底是想要表達甚麼呢？底層是一種玩笑或是一種恨意，傳遞投射出文字背後的不滿或混亂，要讓讀者聽見或看見，還是要阻止他們看見或聽見，或是想讓讀者見到眞實的破碎和令人厭惡或憐惜的碎片？這種看不懂的表面，地下蘊藏的是希望被看見嗎？那是要看見甚麼？又或者同時是一種擁擠，想法們擠

入窄窗的探出手腳，傳遞著一種內部的熱鬧氣氛？看不看的到都無妨？

《金剛經》相反的，用精簡的文字來傳遞深層的意思，精簡到有一種秩序存在，可以引領人的思路，沒有絲毫的雜訊，只留下精練的關鍵字組合。或許我也因爲從前有接觸過些許佛經書的經驗了，其內容也同時是台灣文化的生活用語，其中洗鍊的文字倒是可以理解幾分，感覺其文字的運用，是一種濃縮的表現，其文字底層所蘊含的眞實學說，紮紮實實的成爲當代佛教的入世原則。當我努力想要以我從前學過的詩詞結構來解構這一些文字的組合時，看起來似乎派上了用場。

「縮寫」，從字面上來說，是一種精簡的文字組合，也許就如同「諸相非相」。原本有意義的一百個字，濃縮成爲只有四個字，也讓人將這四個字當作一個起點，可以展開，也可以收合，甚至可以藉此塡入各自想像的事件細節，於是這四個字所能衍生的有意義的另外一百個字，就可以有無限的版本，甚至連原始的意義都可以被調整成不同的意義了。

於是，潛藏在底層的信念「Faith」成爲了對焦的座標，這樣的信念，蘊涵一種想要聚合合一的傾向。或可以說，《金剛經》的文字，是一種高度象徵化的文字概念了，可以給予閱讀者無限的自由聯想與抽象思維。然而，這樣的高度象徵，又有可能面臨的另一個危險，也就是漸漸遠離了絕對眞實。

五、從網格走向「O」或「Unknown」

當我企圖用我所知的各種理解文字的方式來探究無法理解的《芬尼根守靈：墜生夢始記》，走出書房與現代藝術展演做交流，並且運用《金剛經》中的「諸相非相」的佛學意義，來鬆綁因爲無法理解所產生的挫折感時，雖然不是偉大的精神分析師的我，卻也不甚羞愧地把這個歷程，比擬爲就像Bion畢生致力於網格（Grid）的發展，這是他企圖將精神分析室中所經驗到的各種潛藏的互動，藉由情緒轉換爲思想元素的各種層級（從β元素到微積分），對應這些思想被使用的各種互動方式（從假說到行動），集結成一個可以如同數學方程式般的二維推演架構，以逼近診療室中的「Unknown」。

「比昂把網格看作是一個籠子，用來容納他的狂野思想，一個像DNA螺旋一樣的轉化系統，一個通向未知的方法。」（王盈彬譯）（註五）

他也強調，這一個工具永遠是「meta-system」，也

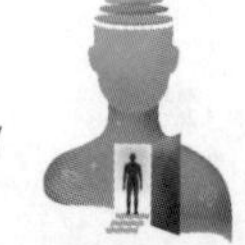

就是提供分析師在治療結束後的一種再思考的工具，他甚至曾經提過3D網格的想像，來彌補平面網格的不足。而我也把我從書本的查找，帶進了藝術和音樂表演的立體空間。有一種未能名之的力量，正在轉換（transform）成爲各種接近unknown的形式。

「在同一場合，他還說：『當我從系統中取出網格時，我就可以看出它有多麼不足……只是浪費時間，因為它與我可能遇到的事實並不完全吻合。』（Bion in New York and São Paulo 1980：56）」（王盈彬譯）（註五）

換言之，當語言思考的極限被框架出來之後，那是網格可以思考的範圍，於此之外的存在，被Bion歸類在「O」的部分，仍是有一片未知。也呼應了「O」包含了一部分的已知和一部分的未知，其中以「K」來不斷穿梭其中。當Bion把最原始的思考元素以β-element來稱呼時，意味著這個最接近未知的元素，是由一片未知的混沌（無法思考）中所汲取而出的，也就是unknown的本質。

「他再次強調β元素不是精神的，因此是黑暗的。」（王盈彬譯）（註五）

在衆聲喧嘩中，各種時代的臉孔坐落在一個展覽廳中，各種性別與權力角色聚集在一個舞台上，每看向一張臉孔，每聽進去一種聲音，都有無限種的理解穿梭其中，這是《時代的臉孔：從莎士比亞到紅髮艾德》特展所啟發我的。音樂劇《羅密歐與茱麗葉》展演了莎士比亞的名著，以法國獨特的浪漫風格，詮釋了古典與經典，於是我用了我的文化經驗來詮釋我對文本的未知。即使Bion的文風從早年到晚年轉向了一百八十度，但是，網格仍舊被運用著。

「同樣重要的是，網格可用於應用Bion理論的前一部分（transformations in knowledge）和後一部分（O中的轉換）」（王盈彬譯）（註五）

當「迷撲離朔」，歷經了千山萬水及百轉千迴，變成了「撲朔迷離」，看起來是回到了主旋律了。

參考文獻

- 註一：《芬尼根守靈：墜生夢始記》，James Joyce原著，梁孫傑翻譯，書林出版有限公司。
- 註二：Jean Knox PHD MBBS MRCPsych（2009）. When Words do not Mean What They say. Self-Agency and the Coercive use of Language. J. Anal. Psychol.,（54）（1）：25-41.
- 註三：Paul Cooper MS N.C.Psy.A.（2001）. The Gap

Between：Being and Knowing in Zen Buddhism and Psychoanalysis. Am. J. Psychoanal.,（61）（4）：341-362.

- 註四：《達賴喇嘛說金剛經》，眾生文化出版有限公司。
- 註五：Rudi Vermote. Reading Bion 2019. The New Library of Psychanalysis：teaching series. Routledge, P97.
- 註六：大家和我的文化經驗紀錄與對談（薩所羅蘭2023年3月19日，以文會友）

王盈彬

精神科專科醫師

精神分析取向心理治療師

臺灣精神醫學會會員

臺灣精神分析學會會員

臺灣精神分析學會《台南》心理治療入門課程召集人

英國倫敦大學學院理論精神分析碩士

王盈彬精神科診所暨精神分析工作室主持人

諸相非相，卽見眞相

與談人：翁逸馨

回應王盈彬的〈迷撲離朔：諸相非相，
當從表格座標裡走向未知而撲朔迷離〉

繼上次去年九月被建佑拐進薩所羅蘭的以文會友活動，我努力讓自己活過那一天（面對我的大天敵Bion），心想應該就可以慢慢死去退出參與往後的活動，但陰錯陽差下我又在這出現了，並且這次比上次更想死！請別誤會，我不是「想要」死，一行禪師在「一行禪師講《金剛經》」這本書裡提到，「想」是由相與心組成，我們心中有個相，但也請別說我死相（笑）。

因爲去年九月我提到我才剛生產完六個月，如今正好小孩滿周歲了，眞的是很值得回顧與紀念這一年來我們如何努力讓自己活得好。

回到正題，蔡醫師把喬伊斯的《芬尼根守靈》、《金剛經》、與Bion放在一起邀請大家來思考討論，對我來說這眞是太困難的事了，這三者，沒有一個是我能夠眞正理解與掌握的啊！所幸，拉岡看《芬尼根守靈》15頁就看不下去了，因此打從一開始我就放棄閱讀這本書了，我眞心

感謝盈彬文毫不放棄的一讀再讀，讓我有機會藉由盈彬的文字來想像。

盈彬簡介了《芬尼根守靈》的故事情節：芬尼根喝醉了，摔破了頭，像是死了般地被人抬回家中，大家依照習俗幫他守靈，在喧嘩中，不小心一瓶威士忌丟向了芬尼根，酒瓶破碎後濺出的酒水，喚醒了芬尼根，於是他加入了大家狂歡的宴會。當我看到這段時，我第一個想像的是由酒喚醒的眞的是芬尼根嗎？這實在可以有太多的想像空間了，因此當盈彬提到附身這一詞時，我很快就認定這是我想回應與大家一起思考的部分。

就我過去幾年參與精神分析的學術與個案研討活動，以及不夠廣讀精神分析文獻的經驗裡，我對附身這個議題沒有什麼印象，倒是2013年奎格・史蒂芬森（Craig E. Stephenson）榮格分析師受現爲臺灣榮格心理學會之邀來臺灣，開了以附身爲主題的工作坊。史蒂芬森在2009年寫了《附身：榮格的心靈比較解剖學》（Possession：Jung's Comparative Anatomy of the Psyche）這本書，可以說是將附身這個現象及其概念在各方面做了很完整的簡介，包括在宗教歷史、心理學及心理治療、人類學、精神醫學、甚至是劇場分析等。

2013年時，我已碩三，在2010-2014年左右，我很幸運正值當時爲臺灣榮格發展小組（臺灣榮格心理學會的前身）頻繁的邀請國外榮格分析師來台授課的期間，我既興奮又瘋狂的以學生價絕不錯過每一場目睹大師風采。而史蒂芬森榮格分析師讓我印象滿深刻的是他的舞台魅力！也許和他有心理劇背景有關吧。依稀記得當時我很好奇深度心理分析會如何理解附身這回事，而我驚嘆不已竟然可以用「情結」（complex）這個概念殺出了一條活路！情結的概念是榮格在1904-1911年間進行「字詞聯想實驗」（word association test）中逐漸發展出來，我想以尚・拉普朗虛（Jean Laplanche）撰著的《精神分析詞彙》（The Language of Psychoanalysis）以及達瑞爾・夏普（Daryl Sharp）的《榮格詞典：專業術語和概念入門》（C. G. Jung Lexicon： A Primer of Terms and Concepts）這兩本書爲主來整理一下情結的概念。

情結是一組充滿情感的想法或意象，也是多年來圍繞某些原型（archetypes，精神分析詞彙的說法是童年的人際關係）積累起來的情感基調的想法，匯集在一起並總是伴隨著情感。起源的病因通常是創傷或道德衝突，一種情感上的衝擊並分裂了心靈。情結的出現與消失都有其規律，就像是獨立的存在可以支配著我們。它會擾亂意識與意志，以無意識的方式影響言語和行爲，也會干擾記憶、

阻礙聯想的流動。但它本身並非是負面的，只是它的影響通常會表現在心理功能（感官、感覺、思考和直覺）上的扭曲而讓人感到是負面的。但情結是人類心靈的基石和情感的泉源，不論是榮格還是佛洛伊德都一致認爲人類不應該致力於擺脫或消滅情結，否則精神活動就會陷入致命的停滯，而是透過分析理解情結在行爲模式和情緒反應中所起的作用，如此情結的負面影響則可降到最低。

我很喜歡榮格這麼說：有情結，不代表有神經症，因為苦難不是一種疾病，只是幸福的反面……唯有充分地活著，才能真正克服情結。（換句話說，如果我們要進一步發展，我們就必須把那些由於我們的情結而一直保持距離的東西得以靠近讓我們可以感知與面對。）我認爲佛洛伊德與榮格在心理治療的基本態度上是相同的，都是鼓勵我們勇敢的去感受、觀看與思考自身的各種苦難遭遇。而這正是精神分析「平均懸浮的注意力」的精神，也是正念（mindfulness）的態度，關於正念的態度，稍後再談。

先回來談附身（possession），榮格在《回顧心理情結理論》（A Review of the Complex Theory）這篇論文中，把附身解釋爲「短暫且不自覺、在與心理情結認同時產生的人格變化」。意即自我（self）被情結吸收，情結有能力吞噬自我，使主體的生命變得暫時不眞實。史蒂芬森提到以字源學來解釋的話，意味著掌控受苦者的占位存體有如暴君一樣霸占，坐在受苦者的王座上，如佛洛伊德認爲的自我放棄了王位，而法文中被鬼怪附身的人（possédé）源自拉丁字possidere，意爲「有能力」的potis和「坐下」的sedere，這隱喻著強迫式的反客爲主，主位被相對的他者霸占了。

榮格認爲一旦情結被觸發，受制於情結的人在痛苦中一方面會經歷解離，自我陷入被無意識內容挾持的危險，解離的無意識心靈碎片會時而壓垮、時而控制、時而膨脹自我。另一方面也會經歷到自我和他者的融合，但這融合是會破壞人格的完整性。經由心理治療，治療師與病人雙方共同促使自我脫離無意識內容，並將這些內容整合到意識之中，同時提供一個橋樑讓自我與他者能夠連結起來。

榮格也用了如同Bion所提的涵容器（container）的概念，他認爲治療必須建立在這之中以安全有效地進行，而在治療中最困難的工作之一是強化自我，直到它可以承受自身的眞相，將它自己與無意識情結區隔開來。我不曉得自己的理解是否有誤，這跟Bion的由O到K是否挺有相似性？

於此，我想應該可以暫且回到前面提的正念態度，也許可以再爲上述內容做些補充的聯想。但我想先分享一下

我與正念的緣起，也是在我研究所期間，起因只是我的指導教授對正念很有興趣，我也就跟著一起學，我再次很幸運的遇到正念療法創始人卡巴金（Jon Kabat-Zinn）與正念認知療法創始人馬克．威廉斯（J. Mark G. Williams）來台親授（當時臺灣還不足以成立正念治療相關的專業學會），但眞正讓我可以說是洋洋得意的，是我竟然幸運到可以跟一行禪師在臺北花博一起走上一段路（我指的是行禪，那是2010年一行禪師來台時。去年一行禪師離開人間了。）而我必須坦誠，之所以一直學正念，是因爲我一直搞不懂正念是什麼？正念在幹嘛？直到我好像有一點體會了，我才停下來轉爲自我修習。

就我粗淺的理解，正念不是指正向的念頭，「正」有不偏不倚、精純不雜的意思，也是表示正在進行中的動作，而「念」則是心念，是一種注意力，也是記憶與經驗的展現，因此正念簡單說可謂爲一種專注於當下正在發生的所有一切，是有意識地了了分明的覺知狀態。這與佛洛伊德所強調的平均懸浮（不正是不偏不倚嗎？）的注意力幾乎可以劃上等號，佛洛伊德之所以如此強調，我認爲其目的之一是爲了讓分析者維持在一種什麼都能夠有所注意、感受與思考、對一切採取無揀擇皆接納而無批判的照見態度，在這當中而能夠看到眞相。這也符合《金剛經》

在談的「諸相非相」，甚至是「應無所住」的意涵。

在此，我想順道分享一下我對「應無所住」的看法，許多解釋會說「住」是執著的意思，因此這句簡言之就是「應該不要有所執著」。但我不這麼認爲，因爲從以上的脈絡看下來，「應」可能是順應的意思，而「無」從「有」來思考的話，也就是依著「有」而能對此有所意識與覺察，如同面對情結的態度，順應著我們因爲有情結而發生的一切，我們才得以看清楚我們的心被什麼給占據、我們的心發生了什麼事，不論是心相或是心之所向，那麼我們自然不會是以掩蓋或彰顯或偏倚的姿態處之，而此則爲「無」的境界，已沒有那些有的存在、已沒有受到情結的太多影響。

我想我應該先談到這就好，而我還沒談到的蔡醫師所列的其中一篇參考文獻：《高山寺的夢僧》，有趣的是我第一次拜讀此書正好是在9年前，當時我還沒開始正式接受精神分析的分析，而我非常喜歡這本書，但這次我又再讀過此書時，我發現了許多我第一次讀的時候沒有留意到的細節，包括河合隼雄不斷地在書中讚許著明惠大師一直能以諸相非相的悟道精神貫徹在他對自身夢的理解態度上。

參考文獻：

1. 吳菲菲（譯）（2017）。《附身：榮格的比較心靈解剖學》。臺北市：心靈工坊。（Craig E. Stephenson, 2009）

2. 釋自鼐、釋恆定、蘇錦坤、溫宗堃、陳布燦、王瑞鄉（譯）（2017）。《念住：通往證悟的直接之道》。嘉義市：香光書鄉出版社。（無著比丘Bhikkhu Anālayo, 2003）

翁逸馨

諮商心理師

臺灣精神分析學會會員

推薦精神分析取向心理治療師

臺灣榮格心理學會臨床會員

正念認知治療訓練講師（英國牛津大學正念中心認證）

臺北市立聯合醫院松德院區《思想起心理治療中心》心理治療專業督導

臺北市政府市民心理諮詢站特約心理師

曾任新北市立聯合醫院精神科心理師

第五章

形扭變曲：燃燈佛所，走出治療室的空間後矛盾的扭曲變形

黃守宏

《芬尼根的守靈》，是喬伊斯花了17年寫成的作品，內容晦澀難懂，相傳拉岡只看了15頁卽放棄，書中用了65多種不同的語言，甚至將語言給拆解，創造新的詞彙，也使用了許多雙關語等更是增加其閱讀的困難性，這本小說被認爲屬於意識流的作品，後現代的經典之作；現在有學者致力想要破譯這本小說；提到意識流，泛指注重人物意識流動狀態的文學作品，主張讓人物主觀感受到的「眞實」客觀地、自發地再現於紙面上（維基百科），喬伊斯曾在寫作時貝克特爲其繕打，不經意地把喬伊斯的話給打了進去，喬伊斯卻告知貝克特不用刪改，而且喜歡上這樣的一種寫作方式。

意識流的藝術呈現方式有很多種，像是自由聯想或是詩化和音樂化等，這本《芬尼根的守靈》，在內容上雅、俗皆陳，生、死並俱，有人形容其爲夢語，再適合不過，讓意識如同夢一般不受現實規範地說話，一種不需要符合次級歷程的內容，貼近分析時個案端的理想狀態，而去除掉內容的理解，可以感受到一種音韻的節律性，這樣的寫作，喬伊斯在他的另一本小說《尤利西斯》時用過，讓讀者可以從不同的面向去接近一二。

Bion在治療一個來自南美洲的分析師時，那個分析師想要分享一段話，Bion請他先不要翻譯，直接用他的語言唸出來，去感受其中的表達，記得上次準備貝克特的以文會友時，貝克特的一個助理曾說，即使她不了解貝克特的內容，她總是能夠理解貝克特想傳達的是什麼，不過這需要的是聆聽者的開放及像Bion所說的「可以最大程度地認同，同時不感到分隔地接觸自己內在發生的事情」，這和在診療室中作分析的概念相通，然而要作到開放及最大程度地認同是件極其困難的事情，如同閱讀『芬尼根的守靈』一樣，而這樣的困難原因有很多，連結到今天文會友的主題，以下是一些想法。

所知障

由前言出發，首先要面對的困難是所知障，佛家認爲人有三障，包括了煩惱障、所知障及業障，其中所知障乃是後來學習而來的，根據聖嚴法師所說所知障就是一種先入爲主的想法，更高一層的就是執著，對理性的執著，像是善與惡；多與少；好與壞；主觀與客觀等等，因爲有了分別心而出現的執著，學習的過程不免於此，聖嚴法師提到一個人如果讀儒家思想久了就會反對佛教，同樣的如果讀聖經久了，也會反對佛家思想，就是因爲這個所知障，帶著分別及執著固有的心。

佛洛依德在論述人們爲何反對精神分析時，提了幾個論點，用了反證來說正因這麼反對，所以足證它的重要性，也許我們可以幫他加入所知障爲其中一個原因，固有的知識想法限制了我們自己，影響所謂科學態度；換言之，對於事物的理解，我們應該抱持著一直開放的程度。

Bion的理論中預想（preconception）在實現或滿足後可以成爲觀念（conception），但是觀念應該要再清空出來，如同預想一般，才得以再接受新的想法，如果過於飽和，就無法再有空間塡容，如此的思考便會卡住而像是佛學中所說的所知障一樣；另外，Bion一直致力於人的思考如何發展，有些狀況下，因爲無法去忍受挫折而出現無法思考，結果是訴諸道德，對Bion而言如同是精神病狀態（psychosis）一般，更像聖嚴法師提及的對理性的執著，在精神分析理論的發展中，可以見到大部分理論都會有進一步的衍生，而出現更豐富意含，不外如是。

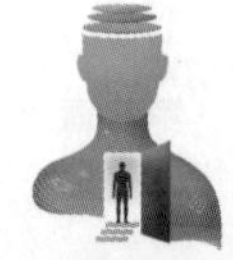

名相

以名能詮釋事物之本體及相狀，名與相皆是虛假而非契於法之實性者，乃係一種方便教化之假立施設，在學習學問過程中，我們會由名相出發，以名相作爲基礎，簡言之，名相乃是方法、是工具而非最終目標，如果執著在名相上，便是錯把手段當成目標了，重點在於名相是方便法門，Bion的理論中用了很多的符號，是協助我們方便使用及理解，而非複雜化，佛家的名相亦同，名相如同指著月亮的手指，是個指向，而非月亮本身。

佛陀在說法時，會使用不同名相來解釋同一件事，或是同一名相卻有不同用法，這都是應機（因應機緣）所致，因此，背景脈絡（context）很重要，只看到名相便容易失去全貌，記得金庸《俠客行》中最後武功祕密的破解就是在於石破天不識字，沒有受到文字內容的影響才有辦法領略，不過這裡不是要去詆毀名相，因爲名相畢竟是認識的基礎，在我們學習語言文字後，要如何不受名相的束縛和羈絆是一件困難之事，即是要能夠去讓名相的飽和度降低，保持開放性，減少所知障。

《芬尼根的守靈》這本意識流小說也許需要的就是這樣的原則來閱讀才有可能窺探一二，有人將其文字歸爲夢語，在Bion的表格（Grid）中，人的思考要從beta元素經過alpha功能後成為alpha元素，再形成夢思，從夢思之後才能被人所理解使用，換言之，夢思是意識可以接觸思考的最基礎形式，這樣也不難理解為何《芬尼根的守靈夜》會如此地難以理解了。

燃燈佛

燃燈古佛是佛教中縱三世佛之過去佛，為釋迦牟尼佛之前的佛，而彌勒佛是未來佛，燃燈古佛對應的是記憶，彌勒佛則承載著希望；記憶本身是過去熱情及慾望的傳記，所以本身是被扭曲過的；同樣的未來也會被慾望所模糊，這就是Bion去強調可以無憶無慾的意思，因為記憶和慾望都是一種扭曲，在無憶無慾的狀況下，O的轉化才得以發生，對Bion而言，O就是眞理、神性、物自身，是無從接近的，只能夠透過它震盪出來的漣漪接觸它，而那個漣漪就是經驗（experience）。

Bion把經驗稱為沒有思考者的思考（thoughts without a thinker），他希望我們可以以純然地去經驗經驗，方能達到O的轉化，這邊會使人聯想到永嘉玄覺大師在〈證道歌〉中有一段話：「行亦禪，坐亦禪，語默動靜

體安然。」，一靜一動皆可以是禪，禪是什麼？禪是清淨的思考，是無憶無慾的思考，或者說是一種經驗，我們人有情緒，感情都會去影響經驗的知覺，甚至我們所依賴的次級思考歷程本身也是受慾望在控制著，因此所謂無憶無慾是困難的，或者我們可以說所有的思考都是從相對性的謊言開始的，因爲帶著慾望，不過謊言下是有眞理（O）的存在著的（James Grostein, 1981）。

由此來看，其實自我（Ego）本身也可以是個謊言製造者；既然什麼都可以作爲禪的方式，那何需打禪、坐禪等，這是可以讓人比較容易處在內在安然的狀態的一種方式，不受太多外在紛擾所干預，或許我們可以這麼看，如同精神分析的設置一樣，能夠讓分析去接近無法碰觸的眞理。

空性及明心見性

自性是什麼？也是大哉問，我們先大膽地將其和Bion所說的O連結在一起，證悟成佛是什麼樣的境界沒有人知道，自性本身就如同物自身一樣無法觸及，清淨明亮，一念無明後而於輪迴因果顯現，我們無法了解那是什麼，只得接近，接近的方法就是要滅無明，將自性上面的蒙塵給擦拭掉，自性方得顯現；在Bion的想法中，人的內在分成二大區域，一個是無限、未整合、無法接觸的區塊，一個則是有限的區塊，整合過的，有著象徵可以承載來自於無限區域的元素，這無限的區域，就是O，當然不能和明心見性中的自性直接畫上等號，但中間有相似之處，都是無法觸及的，被理解時都帶著個人慾望色彩的影響。

如同上段所提的記憶和慾望，去了解的這個過程像是精神分析的過程一樣，了解（understanding）是個迷思是個謊言，會去破壞超越經驗的發生，所以在精神分析的技術上要避免記憶和慾望的干擾，另一個角度來看，記憶就是知識，學習過的理論知識，而分析有點像擦鞋一樣，重點在於擦掉多少鞋油而非擦上去多少（James Grostein, 1981）。

空性是禪宗重視的法門，先求空性解脫輪迴，空性又是個困難議題，因爲我們會被字本身給抓住，但空性絕對不只有像字面一樣的虛空或是無而已，空性反而比較像一種一切皆有可能的集合，像是電影《媽的多重宇宙》的概念一樣，一個量子觀察就會有一次的平行宇宙出現，因此無須分別，這樣的無分別的集合概念，不執著，也許更貼近空性，不過如同一開始所言，我們所使用的文字有其侷限，無法去飽和想要描述的對象，但反之亦然，描述的

對象也無法去飽和文字本身，重點也許是在指向及接近，Bion認爲人類有三個可能性，第一個就是O的轉化（經驗經驗），第二種是O轉化變成K，而轉化成的K可以在未來和O相遇，第三種則是否認眞理而轉變成謊言。

轉識成智

佛教中有所謂的八識，前六識廣爲大家熟知，就是眼耳鼻舌身意，第七識爲末那識，是我執，第八識是阿賴耶識，其中阿賴耶識就藏著種子的識，也可視爲自性，是迷惑的自性，識是心的作用，有了別的意思（對種種境界生起了別作用），佛教中有一派別是唯識宗，強調「一切唯心所造，萬法唯識所變」，重視轉識成智，若能放棄第六識的妄想及第七識的我執即能達成大圓鏡智，是一種超脫（transcendence），也可視爲是自身O的轉化，在佛家中，智是本有的佛性智慧，是無分別的，而識則是有分別的。

一切唯心造，可有二種見地，一個是我們所處的世界，皆會被自身的慾望所扭曲，所以都不是它本來眞實的樣子，則境隨心轉，另一個是當我們起心動念，就會有相應的行爲及表達，則相由心生，因爲當我們一直向外求取時，不如向內探詢，正視自己內在的慾望、需求以及情感，方能不受其染污，所以轉識成智，就是在說放棄分辨及執著，自性的般若智慧卽能顯現，證得法身，一切是自己，自己是一切，那樣的境地無法想像，如同O無法觸及般，電影《露西》中，最後露西腦力全開，既消失也變成一切所有，可能可以作爲證得法身的類比來做部分想像。

回到精神分析

到此談了很多佛學的想法，我不是佛學專家，引用的佛學知識也可能只是自己由心造的部分，Bion和佛學中間，確實有許多可相發明之處，這樣的相互發明，也許並不是西風東漸或是東風西漸的結果，而是他們在窮究的學問是重疊的，甚至是有著終極的相同目標。

精神分析處理的對象是如同O一般深邃不可見的物自身，治療或分析本身到底如何起到修通的作用，個案走出治療室後發生了什麼樣的改變扭轉，也是不可觸及的一個領域，似乎，我們只能在精神分析的設置中，保持開放（處在preconception），才有可能和個案一起作爲那指著月亮的手指，對於過去的記憶，已然發生過的事情，雖然我們常說治療的改變來自於對其出現不同的想法，可能

我們要努力的方式及目標就是擺脫所知障（過去的記憶及知識），保持空性（接受任何可能性），也許就能轉識成智（O的轉化），不過對Bion來說這是不可求的，在治療中也許會發生，要作的事情就是以負向能力，等待和O的相遇。

然而我們畢竟是人，無憶無慾是個理想，明心見性是個目標，但是放下卻是可到達的，「千江有水千江月」的最後貞觀從在佛寺裡聽見看見的謁語，從佛寺下山的路上聽見的歌，十歲童男和他的蠶，讓貞觀把所有大信給過他的痛苦，都在這離寺下山的月夜路上，將它還天、還地、還諸神佛。

黃守宏

臺北醫學大學附設醫院精神科暨睡眠中心主治醫師

臺北醫學大學醫學系專任講師

臺北醫學大學學生事務處學生輔導中心主任

臺灣精神分析學會會員

臺灣精神分析學會台北春秋季班講師

松德院區《思想起心理治療中心》心理治療督導

美國匹茲堡大學精神研究中心訪問學者

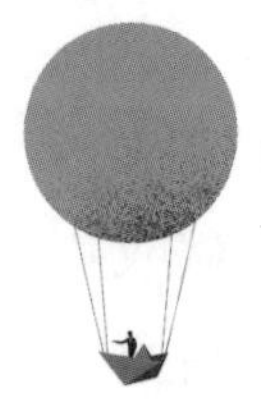

OK, KO, KO, OK, OK, OK, OK, KO, KO, OK, KO……

與談人：徐溢謙

回應黃守宏〈形扭變曲：燃燈佛所，走出診療室的空間後矛盾的扭曲變形〉

本文回應部分來自於守宏的文章給予的啟發，進而開展出的聯想，也結合個人生活經歷與治療室裡的體驗繼續發想，所浮現的反思與提問。

不懂，就意識流

這次的主題「文學、佛經與精神分析」，鎖定的是喬伊斯的《芬尼根守靈》、《金剛經》和Bion（以Rudi的*Reading Bion*裡關於O與Transformation爲主）。《芬尼根守靈》寫成的方式與最後的樣子，被歸屬爲意識流的作品，形容成夢語一般的文字，還持續吸引著企圖破譯者。《金剛經》作爲佛學經典，讀完沒開悟應該都不算眞的讀懂。至於精神分析的部分，雖然是這三者中相對多有接觸，但精神分析也不眞的是多讀就眞能多懂的學問，更

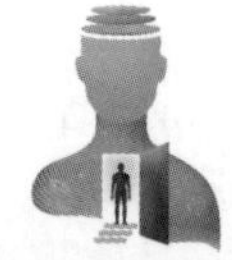

遑論Bion，因其個人的出身與師承，所提出的理論兼具理性與詩意，O更是饒富禪味。三個著作分開讀都已是很困難的大作，放在一起更是感覺有讀好像沒讀。

有個小插曲，主題中佛經的部分明明是指定《金剛經》，可是準備的這段時間以來，心裡總是錯想成老子的《道德經》，於是那句「道可道，非常道；名可名，非常名。無名天地之始；有名萬物之母。」不時在腦中盤桓。這樣的錯置，或許有些什麼意義，但一時也想不清楚。

《芬尼根守靈》、《金剛經》和Bion，這三者在講什麼，都還無以名狀的這段時間，心中有著的已是滿滿的「自戀受挫」的實在體驗。爲了消化這個「自戀受挫」，只好在心中逕自決定「要守住這份不懂」聊以爲慰藉，想像著能以這份「不懂」爲基礎，看看能發展出些什麼。

閱讀經典好難，這段時間也只能有空沒空、有意無意地隨性讀一些，看看會浮現或拼湊出些什麼，滿腦子一堆似懂非懂的破碎片段，感覺起來也不過像是一些β素材，感覺不到自己的α功能有在起什麼作用，更不要說是把它運作成可以說給別人聽得懂的α素材。於是就決定轉向看看治療室裡的那些臨床的現場，這也是一個用自己相對熟悉的場景，對抗自戀受挫，並守住一份安心的權宜之計。

執我唯增苦

然而這一動念，就突然發現，那個自己這一份想要滿足自戀安心的這個需求，好像也正在把自己執著在那個有限的已知裡面，就是凡事都把它想到要跟自己的臨床工作經驗來做聯想，是的確因爲有跡可循而好像比較安心，不過同時也意識到，會不會其實也因此把自己對於未知的探索，就侷限在這個有限的已知裡。

想到這裡，腦中冒出了「忌」這個字：形聲字，从心、己聲，意思是「憎惡」。「己」雖說只是「忌」字表聲的聲符，但活脫脫它就是一個擺在「心」上的「己」字——「只把自己放在心上」或說「心裡滿滿裝的都是自己」，這樣的事情是「令人憎惡」、犯忌諱的！——把自己侷限在有限的已知裡，只爲讓自己獲得一份安心，用來對抗自己的自戀挫折，這是一個應該要禁忌，甚至是令人憎惡的事。

然後拜讀了守宏的文章，提到《芬尼根守靈夜》的難以理解；提到BION要求他的南美洲分析師病人不要翻譯、用原本的語言說出想分享的話，好讓他用感受的；提到貝克特助理自覺對於貝克特總是可以「不了解的理解」。讓我連結起了當兵時受訓爲報務士，那段與摩斯電

碼奮戰的經歷。

報務士是負責收發電報的，用的就是摩斯電碼，因此受訓過程的一大重點就是學會用摩斯電碼收發電報。訓練分成兩階段：報務兵，爲時一個月，完訓標準「每分鐘可抄收英碼60個字」；報務士，爲時兩個半月，完訓標準「每分鐘可抄收英碼120個字」。而我當時就是被安排上完報務兵一個月課程後，結訓的隔天緊接著在同單位繼續開始兩個半月的報務士訓練，也就是連續三個半月，一直在受訓學會摩斯電碼。

關於摩斯電碼的學習，分成「符號系統」與「聽覺動作」兩部分。摩斯電碼是以點（·）和劃（-）兩種符號來表示字元，一般唸作「滴」和「答」，用來組合成26個英文字母與10個數字，例如A（·-）、B（-···）、C（-·-·）等。英文字母叫英碼，數字叫中碼，都是用這一短一長的符號組成——我們首先要學會這些「符號系統」。另一個部分則是要學會「聽懂並抄寫（聽覺動作）」，這是最難的部分。當時每個學生都自備一台可調速的卡帶式隨身聽與許多空白卡帶，每週教官都會用發報機放送當周進度所要達成的速度（每分鐘字數）的電報音讓我們錄下，然後自修狂聽到能夠順利抄寫下耳朵聽到的字母或數字並考試及格爲止，再繼續前進修煉下一個速度。受訓期間身分是

「學生」，可以跟著日曆見紅休假，但休假標準也需要視個人每週的考試成績與其他表現決定放假時間的早晚，因此每週決定放假是前一天1700還是當天0800離營的考試，也是這麼考的，現場發報機開始發報，我們就開始抄寫，印象中要95分以上才算及格，所以根本就不能錯幾個字。事實上，最後的結果常常不是一百分，就是離及格分數差很多，因爲這當中只要漏聽了一、兩個字時，往往就會慌張，接下來就會漏掉一大段，很少會只錯一點點。

至此或許你注意到了：報務兵從零開始到每分鐘可抄收英碼60個字，爲時一個月；報務士從每分鐘60個字到120個字，一樣是每分鐘60個字的學習進度，爲何要花兩個半月？那是因爲練習聽電碼是會遇到關卡的。報務兵的一個月，剛開始其實還蠻容易聽的，但教官都會預告「大約在每分鐘40個字要提升到50個字的時候可能會卡關」。我是卡在每分鐘50要進步到60個字時。當時感覺明明每分鐘50個字可以聽懂，可是每分鐘60個字的速度，突然間什麼字都聽不到了，那是一個完全不一樣的經驗。我們的練習，就是回到每分鐘50個字，再慢慢調快速度聽，或是每分鐘60個字，再慢慢調慢聽，就是一再地來回於50到60個字之間，反覆地聽。報務兵的一個月我通過了，但我其實不知道自己到底是怎麼聽懂的，我只是以爲遇到了那個關

卡，然後我只是因爲多花了時間，於是那只是一個熟能生巧的結果。然後到了報務士受訓，就從每分鐘60個字開始要繼續往上，但是也發現60到120個字，類似的障礙越來越多了，然後記得其中一個大魔王關卡，就是每分鐘90到100個字或每分鐘100到110個字。我是卡在100到110，那個段落特別地困難。

求之不得，無心插柳

受訓期間因爲是學生，白天上課，晚上也就只是就寢時間輪流在寢室門口站個一小時的寢室哨。面對卡關，耳朵聽字的速度一直上不去的停滯狀態，加上每週放假時間都取決於考試成績的及格與否，這種生死存亡的壓力之下，站夜哨的每個人其實都在偷偷地聽，而且因爲很想要突破，所以都是很專注地聽、用力地聽。規定其實是不行的，被抓到會處罰，嚴重的話也可能直接禁假，但大家還是賭。多虧受訓的當時剛好是冬天，站哨都穿著一件很大的大衣，大家都把隨身聽藏在大衣裡，然後耳機線就順著耳後由耳上繞到前面來塞進耳洞；再加上教官其實也是明著規定，暗地裡也是睜一隻眼閉一隻眼，所以其實站哨的一小時就是瘋狂地聽，都是在滴滴答答聲中度過。

在整理這段經驗的過程中，我想起一個非常清晰的畫面。有一天我0200-0300的夜哨，也在偷偷地聽著電報。那時期我每分鐘100個字聽懂了，但是到110個字的速度，我就是聽不到，這個關卡我卡了好久，那時候心裡面好急，越來越煩躁！然後我氣得拔掉耳機、關上隨身聽，關掉了滿腦子像是幻聽一樣滴滴答答、卻抄寫不下來的聲音。在寒風中望著營區的營房發呆，然後有一份絕望的心情，想著自己可能沒有辦法完訓。

或許是因爲發呆了好一陣子，或許也因爲寒風的冷冽加上關掉聲音後的寧靜，腦袋好像有稍稍清醒，我記得那時心裡有一個這樣的念頭跑出來：「那就放著聽吧！當作是音樂聽，聽熟了這個節奏，聽熟了這個旋律，或許就會聽得懂。」然後隔天，我突然發現我跟得上了、聽得懂了，我耳朵裡聽到的東西，我可以抄寫得下來了。

這個經驗像是意識流的《芬尼根守靈》，被大家努力地想要破譯它的文字語言，卻聽不到任何密碼的狀態，反而不要太聚焦、不要太清晰、不要太用力，當作音樂、當作節奏就好；或者像BION不要他的病人去說去翻譯，而是直接去感受那個語言的韻律一樣。好像有一個類似經驗，在與我摩斯電碼的學習相呼應。同時也聯想到，準備這個主題的回應時，那個因爲不懂，所以很想要把自己安

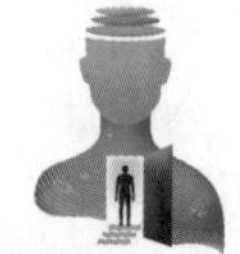

心在那個自己熟悉的已知裡面的那種自戀狀態，在治療室裡面的治療師，也就是我，是一個什麼樣的狀態？——面對病人，那份很想要聽懂他，很想突破他的防衛，於是很專注、很用力聽的心情，會不會使得治療師的每一個沒說出口的理解，或說出口的回應或詮釋，都是一種執著？治療室會不會是個嚴重扭曲的時空？

病人到底在說什麼東西？那些東西到底是病人的β素材？還是他的α素材？理想上治療師要扮演的α功能，會不會一方面說來是爲了要瞭解、接近病人，但卻也同時越來越遠離病人？我們滿腦子的那些理論是方便法門，是我們之所以是一個專業人員的重要元素，我們不要也不行，沒了那些專業素養，我們提供的談話，可能就跟病人的親朋好友沒什麼兩樣。但是相於理論，或者相於指著月亮的手指，好像勢必要冒著失去月亮的危機。

這裡又聯想到，不同的學問、不同的理論，或許都是指著月亮，或者說是找月亮的「那個東西」？——會不會其實文學，或是佛經，或是更多其他的理論或學問，其實都是某個東西，都在努力地找出月亮來？而這些通通都是方便法門，同時也要破相而不著相，就是提醒我們不要去執著在指著月亮的手指，或是執著在找月亮的「那個東西」，那我們要找的會不會其實是看不見的那一顆「想找月亮的心」？

再說手指月亮。月亮用眼睛看、靠視覺；但控制手指能向月，是靠本體覺。如果眼睛盯著的是手指，就失去了月亮。——治療師的α狀態，是看著月亮的眼睛，是照顧嬰兒的媽媽；治療師的語言、表情、態度、凝視，是指向月亮的手指，是身兼父職的媽媽。——媽媽照顧嬰兒，如果在乎的是「有沒有把爸爸扮演好」，她所關心的自然是自己的角色與表現，而非嬰兒。——彷若意識流小說的治療空間裡，治療師的心靈與身體，都要跟著病人一起做夢。

意識，留

原來，準備之初，一直錯置在腦中盤桓不去的老子《道德經》，是爲了在這裡下結語用的：那些說出來的……，就不再是……了。

'O, Bion! Where are you?'

自以爲不懂的要破除，自以爲懂的也要破除，那治療室裡的明心見性，或許其實是「佛來佛斬，魔來魔斬」的修羅場。

而治療室外，又何嘗不是？

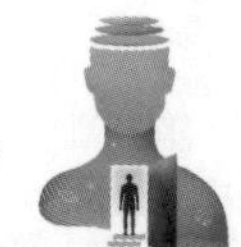

徐溢謙

享受美光心理治療所臨床心理師

財團法人彩色盤教育基金會特約臨床心理師

特殊教育專業團隊臨床心理師

臺灣精神分析學會準會員

ACP中華國際人才培訓與發展學會認證資深園藝治療師

第六章

序雜失混：諸心非心，過去現在未來在時間因緣裡雜混失序

劉玉文

因緣聚合氣象萬千

在國家地理雜誌的網站上，看到一張自然景觀照片。地點在加拿大邱吉爾鎮附近。靄靄白雪上是一棵棵橘紅的杉樹。有那麼一個瞬間，心裡疑惑，不敢相信自己的眼睛。一開始看到這張照片，覺得是特殊製圖效果，可是它又是眞實的自然景觀。原來，葉面因爲覆滿樹枝上的冰晶，反射出粉紅色的夕陽光線，這樣的畫面像是一片極地珊瑚。《一行禪師講金剛經》提到「想」是由上下兩個部分組成，上面是「相」，下面是「心」。「相」是「想」的對象（客體），「想」是「相」的主體。當我們的心執取一個「相」時，我們就有了「想」。

常常我們心中有個相，並且執取那個相，就認爲它是眞實的。透過攝影者的捕捉或藝術家創作，讓我們能夠從另一個角度來理解，我們的大腦認知判斷很容易被眼睛看到的光線和透視角度誤導，而視錯覺的現象是由於我們的大腦根據當下感官刺激、先前的經驗、假設和對未來期望來解釋所接收到的感官信息。這些解釋並非總是與客觀現實相符。當經由更多訊息的補充，往往會發現我們所見是各種因緣相連才出現的結果。

更精確地描述，這些當下應機而生的現象，是過程而非終點。眼睛一眨，或說下一刻任何一個條件變化了，因緣聚合的組成又改變了，這是一個不斷變化的動態過程。能說哪一個或說哪一刻是眞呢？《金剛經》中的「諸心非心」，意指所有的心念和意識，包括種種的感受、想法、執著、慾望等都是無常、無我、空性的，不是固定的、不是永恆不變的實體、是瞬息即逝的、是因緣相依形成。一旦執著色、聲、香、味、觸、法而生心，就會被色、聲、香、味、觸、法所設限。如果因此執以爲眞，執以爲實，執以爲常，我們就上當了！這正是人類經驗中的一個重要主題：現實與幻象之間的界限何在？如果眼見都不爲實，何者才是眞實？

透過認識我們感官和認知過程的限制和偏見，可以更細緻的經驗自己所處世界的邊際。這次要談愛爾蘭文學家，詹姆斯．喬伊斯的《芬尼根守靈夜：墜生夢始記》，想到多年前在網路上看到一位美國藝術家Thomas

Deininger，他運用視覺錯位，用不同的素材拼湊貼出作品，引發觀者的錯覺。明明是座雕像或肖像畫，但鏡頭拉近來看，竟然是一層又一層的廢紙和塑膠袋，而這些素材來源，是作者在過去兩個月生活中製造出的垃圾，還有不用的廢棄物。

作品並非雜亂無章的拼接，而是在一層一層的搭建中，將內容、意義、形象融爲一體，裡面暗藏玄機，這樣的結合讓每個畫面背後都蘊含著另一個故事。欲望和意圖讓我們有方向，找出路，也與世界聯繫。溫尼科特在寫給Roger Money-Kyrle的信中提到，個人只與自我創造的範圍與世界交流，然而，在健康中，有一種接觸的錯覺，正是這種錯覺提供了人類生活的亮點，並使藝術成爲人類體驗中最重要的部分。

喬伊斯用了17年的光陰撰寫《芬尼根守靈》，透過HCE的夢構成全書的主要內容，藉由夢帶出人類的歷史和神話、民謠與風土民情，以及人物時代背景。在簡介中提到，文中「用夢的語言建構的世界，小至個人的姓名、身分、性別和職業，大到國家、民族全人類的歷史、文化、宗教等等，都似乎無時無刻進行著無條件的交換動作，HCE可以是低賤的平民，酒館的老闆，淫穢的老頭，尊貴的國王，聖潔的教皇，或威權的將軍，也可以是高山峻

嶺、通天巨塔，或是細小蠟燭」。

還記得當我閱讀沒多久，第一個念頭是：它根本就在顯現我們思緒型態，在一念接一念，念念相生下，整個人生愈形破碎；也在描述生生世世的業相流轉。看似正在說些什麼的同時，一堆訊息置入或說入侵，像是不同靈體的意識介入，是過去生、現在生和未來生的不同意識體，同時並現的信息，一個接一個，無縫接軌，也讓人眼花撩亂。回到人生來對應，我們以為自己很清楚在幹什麼，以為有邏輯，但眞要細究，可是交錯羅列，沒有次第！此刻到底是哪一個人格在說話，可能也分辨不清楚。

文字對於一切現象的描述可以非常的簡潔，例如「眞空生妙有」，一句話就涵蓋了一切的可能；也可以是繁瑣而鉅細靡遺的、充滿花樣及想像力的形容，像是「崔斯傳姆爵士……揮舞著孤挺超屌的鐵桿長槍，直如筆迅如矢，一場狂野的戰鬥……」。過去幾天，我左手翻閱著《金剛經》，右手停留在《芬尼根守靈：墜生夢始記》第一卷第一章，感覺我身處在兩個完全不同的世界。但，神奇的是，這樣的兩個世界似乎可以交流。《芬尼根守靈夜：墜生夢始記》書名就明明白白說了這是夢境，裡面說的是囈語，同一個人會有不同的角色、甚至連名字都換了。

「這就是一場夢」，我邊看邊告訴自己別太認眞去執著看懂每個字詞，管他是「石頭般的蛋蛋」、「失足翻下牆頭的大墜落，蛋破模樣地」還是「他的背脊拱得憨痞帝·蛋披地那麼駝」。我太關心蛋蛋了嗎？說起來，我好幾天沒吃到雞蛋了，思緒飄到這一陣子的蛋荒。自己就像小說呈現出的意識流，不斷開視窗呈現更多的信息！現實與幻想之間的界限何在？有序與無序是怎麼發生的？爲了讓自己能夠繼續看下去，我允許自己可以胡思亂想，像是進入夢境去經驗所發生的一切。

一切諸相卽是非相

比昂介紹了一個宇宙般浩瀚的概念「O」，它超越了我們的感官認知能力，包含了空間、時間、哲學和存在等各個方面，是一個難以言喻、不可測、並不斷演變的領域。在「O」中，我們可以感受到一種美感的完整性和連貫性。雖然「O」用不同的詞語來描述，如「絕對眞理」、「終極現實」或「敬畏和崇敬」，但這些描述都只是在努力捕捉「O」的一部分。要理解「O」，我們必須放棄我們的感官對象，通過直覺來體驗它。比昂稱這個直覺爲「第七個僕人」。這個過程可以在神祕符號下的流動來實現，這構成了一種無對象的冥想。臨床上，在精神分

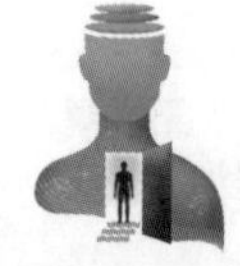

析時進行感官剝除，在於我們需要放棄對於記憶、欲望和理解的依賴，放棄我們對於外在感官世界的依賴，專注於內在的體驗。（參考Grotstein（1996））

人們經常被過去的記憶和未來的欲望所干擾。我們的注意力總是被引向過去，但它經常被無意識力量扭曲，在此所做出的判斷是不可靠的；欲望則讓我們的觀察力受到干擾，它會選擇和壓抑應該被判斷的素材。因此，比昂強調精神分析的觀察應該專注於正在發生的事情，而不是過去或未來的事情。他沒有將圖像和文字視爲精神處理過程中的一個步驟，而是視之爲在各種維度（向量）及其自身的演化，而這些圖像與文字可能接近，也可能不接近所指涉的經驗。（*Reading Bion*, p124）透過觀察正在發生的事情，我們可以更好地理解和瞭解人們在情感、心理和行爲上的運作。同時，治療師要能夠暫停對於病人的記憶，抑制住改善和治癒對方的希望，甚至停止企圖去理解的用力，也是在練習「應無所住」的狀態和態度。

我們是如何看待字句和概念的？通常是用「概念化」這把劍，把實相砍成碎片，然後把一部分叫做「我」，其它叫做「非我」。《金剛經》帶我們理解所謂的「我」，完全是由「非我」的因素所構成，眞實上並沒有「我」這種實體存在。當我們對事物有「非我」的概念時，就生起了「我」的概念。（參考《一行禪師講金剛經》）常常字句被用來命名及說明概念後，就僵化了，甚至因爲我們所認識的意義，而限制了語言的有機性。字句和概念本身並非事物本身，而是周遭的各種元素所促成的。

如同在《地海巫師》的地海世界裡，法師一生都在找尋事物眞正的名字。一片海，不只是一片海，它是無數魚族、海岸、海潮、礁石、聲響……的名字所組構成的。這樣的世界觀是以更大的整體視域和連貫性來面對萬事萬物。故事中的法師要通曉事物的所有眞名，才能領略世界是如何從太古演變至今，而法術也才有施展的可能性。這也象徵生命因爲擁有整體觀，而擁有魔幻的法力。

無我法門實相無礙

《芬尼根守靈：墜生夢始記》內容艱澀晦密，在精密的設計鋪排倒錯中，呈現夢的樣態，不止挑戰人類理所當然的閱讀習慣，也呈現用「已知的心態」來閱讀會帶來的混淆和心理抗拒，因而停止學習和好奇。需要「unkown」態度，來超越自己的設限和侷限。《芬尼根守靈：墜生夢始記》中的每個字看得懂，可是在放置了一些重複、顚倒、合成自創的詞後，語法又難以理解。

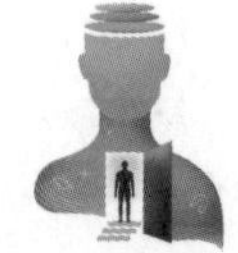

如果它是一種外星人的語錄，不是用我們所能理解的邏輯模式去看，我們以爲看得懂的那些文字其實也不是它眞正的意思。那麼這個作品透過表面這些文字的堆疊，反而讓我們進入了內在很多的心靈反應。這些文字是一種密碼，需要我們解密，讓我們得用另外一種意識形態或說好奇態度，進入潛意識之流，或者是進入另外一個不同生命意識的邏輯世界。

《金剛經》的閱讀，如同閱讀詩歌。詩歌本身就像是一條流淌的河流，每一行詩句都是河水中的一滴水珠，隨著時間的流逝，不斷地變化和演變。這些詩句所代表的意義也隨著我們的閱讀和經驗而不斷地改變，就像河流的變化一樣。當河流不流動就不再是河流。這種變化和流動賦予詩歌有了當下短暫的不朽，因爲它們永遠在演變，永遠不會停止。

當在閱讀詩歌時，似乎伴隨著一種態度，當放下固有的認知，接受變化、不確定性、神祕和懷疑，這種懷疑和不確定性也帶領我們探索詩詞更深層次的意義和感受，就像漂流在神奇的河流中一樣。甚至吟唱的時候，會發現身體有股電流帶領我們到達一個神奇的狀態，發現自己的內與外融合成一體。這種負性的能力將幫助我們探索和理解自己和世界，並獲得更深刻的智慧和靈性體驗。

記得以前看過一部金庸的武俠小說《俠客行》，書名取自唐代詩人李白的同名詩作，這首詩成爲武功祕笈的密碼。男主角石破天是一位沒有讀過書的乞丐。在機緣巧合之下成爲了長樂幫幫主，代替眞正的幫主前往俠客島吃臘八粥。當時江湖傳言，前往俠客島吃臘八粥的武林高手一個都沒有回來，推測是被殺害了。

不過事實是，多年前有兩位武功高手來到俠客島找到一份刻在洞穴牆上的武功祕笈。他們因爲對於祕笈的解讀不同而感到疑惑，於是找盡各種方式想要解惑。最後他們想到的方法就是把江湖上的高手請到俠客島一起研究。可是高手們來到俠客島之後，因爲祕笈太迷人，導致大家不想離開，江湖上才謠傳武林高手都被殺害了。洞穴裡的祕笈圖文並茂，文字的部分就是李白的詩句。每一位高手對於文字和圖案都有自己的解讀和體會。大家爭論不休，這麼多年來還是沒有人能夠破解，直到男主角也來到俠客島。下面是書中的描述。

「石破天……舉目向石壁瞧去，只見壁上密密麻麻的刻滿了字，但見千百文字之中，有些筆劃宛然便是一把長劍，共有二三十把……這些劍形或橫或直，或撇或捺，在識字之人眼中，只是一個字中的一筆，但石破天既不識字，見到的卻是一把把長長短短的劍，有的劍尖朝上，有

的向下，有的斜起欲飛，有的橫掠欲墜，石破天一把劍一把劍的瞧下來，瞧到第十二柄劍時，突然間右肩『巨骨穴』間一熱，有一股熱氣蠢蠢欲動，再看第十三柄劍時，熱氣順著經脈，到了『五里穴』中，再看第十四柄劍時，熱氣跟著到了『曲池穴』中。熱氣越來越盛，從丹田中不斷湧上來。」

石破天是文盲，認爲自己看不懂祕笈，只能在洞穴裡面到處走走看看，卻沒想到不拘泥於字義，反而心領神會，打通任督二脈，練成了絕世武功。當與個案晤談時，個案也許滔滔不絕的說著他的故事，或是他的問題。這些陳述本身就像是《芬尼根守靈：墜生夢始記》的文字，個案可能是混亂失序的、沒有邏輯的，甚至他所認知的事實都存在於隱晦的有意與無意之間。身爲治療師的我們，如果一頭栽進去個案描述的故事裡，難免如同迷失在《芬尼根守靈：墜生夢始記》無序又隱晦的字句當中；可是如果因此迴避，反而失去眞正接觸個案內在世界的機會。沒有預期的去聽、去看，反而接收到更豐盛的信息。

《金剛經》指出要破除人們的「知」、「見」。世尊說：「不可以身相得見如來」，也說「凡所有相，皆是虛妄」。一行禪師詮釋：「我們必須看穿表相才能接觸到實質。從三十二相或八十隨形好來指認佛陀是很危險的事。

因為魔王和轉輪聖王都有相同的相，……只要有想，就有虛妄。想的本質就是相。我們的任務就是一直修行，直到相不再能欺騙我們。而我們的想也成為洞見及智慧」。（《一行禪師講金剛經》，頁89-90）

大道運行萬物共生

在一杯清水滴入一滴墨汁，墨汁很快便會擴散開來布滿整個水中。熱力學中的熵增定律描述了一個普遍存在的趨勢：事物往更高程度的無序狀態演變，而不是往更有序的狀態發展。其中能夠量化這個過程的指標叫做「熵」，我們可以在維基百科查詢到，一個孤立系統會逐漸朝向熱力學平衡，一個不可逆的過程，「熵」越大，混亂程度越高。

例如，熱水會越來越涼、衣服越穿越舊、沒人居住的房間，灰塵會越來越多等。這種趨勢不僅存在於物理現象中，也存在於我們的生活中。無論是自然界還是社會環境，都存在著各樣的挑戰和不確定性。在宇宙大爆炸之前，整個宇宙被認爲是一個高度有序的狀態，這意味著它的熵非常低。然而，當宇宙開始膨脹並冷卻，物質開始集結形成星系和行星等複雜的結構，這導致了整個宇宙系統的熵增加。

宇宙的演化也在說明中熵的增加似乎是一個無可避免的趨勢，隨著時間的推移，物體的無序狀態會逐漸提升。然而，這種趨勢對於在原初就帶有破碎性和可塑性的生命或說人類這個載體，卻正努力反轉熵的增加。生命也趨向要掌控這個世界，讓它井然有序，迴避無序所讓人產生的各種矛盾感受和負面情緒。無論是細胞中的分子、人類社會中的規則，還是人類心靈中的思想，生命都在不斷地創造秩序。這種秩序和有序性可以減少熵的增加，使物質和能量得以更有效地被利用和轉換。

經由人類的創造力和想像力，將熵的增加趨勢反轉，創造出許多神奇的事物，如音樂、藝術、文學等。生命體一直在尋求著更高程度的組織和自我調節能力，以應對周遭的變化和挑戰。這種組織和自我調節能力，正是生命體對抗熵增定律的方式。我們的世界存在許多無序和混亂，自然災害、戰爭和疾病等種種看似不幸的事件，卻也在提醒我們生命所面臨的脆弱性；而這種脆弱性和無序性又是如此具有吸引力，讓我們不斷地追尋和探索。

「未知」是人類最深的恐懼，這些挑戰和不確定性同時也帶來了機會和發展的空間。人類社會建立了各種各樣的制度和規範，以維持社會的穩定和秩序，更好地應對社會的挑戰和變化，同時也可以防止社會陷入混亂和無序的狀態。然而，我們也需要警惕過度追求秩序和掌控所帶來的負面影響。當我們過分追求穩定和安全時，往往也會限制創新和發展的空間。在人類的歷史中，一些最具有影響力的發明和創新，都是來自於挑戰現有秩序和常規的思維。掌握無序世界的祕訣在於平衡：平衡穩定和創新，平衡自我調節和創造力，平衡秩序和破壞。

如何在有序的世界，嘗試跳脫有序，做出看似無序，實則有序的挑戰？我想喬伊斯在《芬尼根守靈：墜生夢始記》對自己提出了挑戰。我嘗試著，硬著頭皮，睜大眼睛，一字一字的咀嚼，還咬出聲音。不知不覺地接受了喬伊斯的挑戰。有時，我會放聲大笑，啊……這是什麼鬼……文章，我思考著「我爲什麼笑」，然後我意識到在那個瞬間，我被解放了。我們有太多的包袱，在各種投射的認知下，把自己緊緊地鎖在這個軀殼。我們一直生活在條條框框裡，心裡知道，但是不會刻意去提，各種分別心隱身在各個信念裡，這裡應該這樣，那裡應該那樣。我的世界充滿一層層的隔間，打開一層，還有一層。喬伊斯讓我看到自己的邊牆。

過去心不可得現在心不可得未來心不可得

「O」是一個超越矛盾的概念，跨越了天堂和無名的恐懼。對於不同的人而言，「O」有不同的意義。有些人可能會將它視爲終極的恐懼，有些人卻能在其中找到幸福和寧靜。這取決於每個人的情感成熟度和準備度。在因緣聚合下，「O」是什麼就是什麼，超越了認知的單一指稱。比昂認爲「O」是循環的，存在於我們內部、周圍、超越我們、以及我們之前和之後。James Grotstein（1996）表示他相信人們出生在「O」，即拉岡所說的「眞實界」。當中仍有許多科學無法描述或象徵化的東西，就像在任意兩個實數之間存在著無窮多的個數，不可能描述完其整體。而生命原初的破碎，也是無法被表徵，無法被象徵化，因而無法浮現在意識中被思考。

拉岡在1991年的演講中探討了知識的限制，指出知識只能透過語言和符號來傳遞，而這些語言和符號的使用受到文化和社會的影響。他進一步提到，夢境的建構方式類似於象形文字，象形文字的符號只對古埃及人有意義，如果考古學家要理解象形文字，就必須瞭解這些符號對古埃及人所代表的含義。同樣地，夢境只對做夢者有意義。佛洛伊德說夢的字典不存在，因爲夢的意義只能在每個人的獨特生命歷程中被理解。

「O」是在偏執性——分裂性位置之前的未成型狀態，等待著我們超越憂鬱位置，以便我們可以與之重聚，而那只是一瞬間。比昂將「死亡本能」視爲嬰兒害怕死亡的概念，而那些更原始不可解或無法命名的恐怖經驗存在於生命更早期，在意識中尚未分化出「自我」、「客體」等概念，所有的情感體驗都以無分別的方式存在。思維開始於嬰兒將其「害怕死亡」的投射認同到母親身上，而母親的夢工作α幫助她承受、吸收和翻譯嬰兒的恐懼。母親在夢工作α中經驗並解讀，將嬰兒的信息「翻譯」成涵義。而隨機性（混沌）和母親的沉思變成了幻想，然後才在憂鬱位置轉化爲象徵性意義。在這當中，力比多和死亡本能用於表達和調節嬰兒對其隨機經驗的苦惱。

「O」超越感官、想像和概念，它們是「未出生的」，是無所在的，無法定位的，無法被找到，因爲它們永遠不可能成爲客體；它們只能增強我們對主體性的感知。Grotstein曾被比昂分析六年，在某次分析之後，對比昂所唸的一段話印象深刻，那是佛洛伊德和莎樂美的書信集（1966）。大意是說「分析師必須在患者的聯想內部投影出一束強烈的黑暗，以便那些在光線中迄今被遮蔽的對象，現在可以在黑暗中發光」。「O」是一個必須被盲目照亮的黑點，是難以捉摸和言說的「神性」。它是主體中的主體；而無意識不應該成為，也永遠不可能成為客體。（參考Grotstein（1996））

當電荷在雲層中積聚到一定程度時，就會引發一連串的反應，最終形成了雷聲閃電的壯觀景象。這些現象並不是具有固定的實體或實在性，而是在特定的環境下由眾多因素相互作用而產生的，這是因緣聚合的本質。精神分析的觀察所著重的既不是已經發生的事，也不是將要發生的事，而是正在發生的事。而正在發生的，又正在變動，生生滅滅，這一刻想要捕捉已進入下一個當下。

個案與治療師之間的心理動力，如同光和影，總是隨著時間和空間而不斷變化，它們的變化與周圍的塵土、物質相互投影和共生；本質上也是見證「一切有為法，如夢、幻、泡、影，如露亦如電，應作如是觀」。治療師透過建立一個安全、支持性的治療環境，幫助個案將無意識的情感體驗轉化為具體的語言表達，在transformation in O來轉化和整合，而這種轉化過程需要治療師不執著在每個片刻裡，不強加任何意義在那個片刻裡，不在那個片刻裡找永恆。

參考資料：

1. Rudi Vermote.《Reading Bion》, Routledge.
2. Grotstein, J.（1996）. Bion's "transformation in 'O'" and the concept of the "transcendent position". International Journal of Psycho-Analysis, 77（5）, 965-980.
3. Winnicott的書信集To Roger Money-Kyrle，27th November 1952.，Winnicott.
4.《一行禪師講金剛經》，一行禪師著。台北市：橡樹林文化出版。
5.《地海巫師》（地海六部曲　第一部），娥蘇拉·勒瑰恩，木馬文化出版。
6.《俠客行》，金庸著，第二十回https://www.51shucheng.net/zh-tw/wuxia/xiakexing/170.html
7. 熵：https://zh.wikipedia.org/zh-tw/%E7%86%B5
8. Grotstein J. S. A beam of intense darkness：Wilfred Bion's legacy to psychoanalysis. London：Karnac, 2007.
9. Lacan, J.（1991）. The seminar of Jacques Lacan：Book XX：Encore, On Feminine Sexuality, The Limits of Love and Knowledge 1972-1973.（B. Fink, Trans.）. W. W. Norton & Company.（p.49）.

劉玉文

諮商心理師

看見心理諮商所　治療師

亞洲共創學院　總經理／資深職涯顧問

臺灣精神分析學會會員

解碼芬尼根票根：搭乘比昂的O光速機進入空性樂園

與談人：郭淑惠

回應劉玉文〈序雜失混：諸心非心，過去現在未來在時間因緣裡雜混失序〉

3/19薩所羅蘭以文會友邀請參與者從transformations in O、《金剛經》和《芬尼根守靈》來對話，這三個部分都像O，而O與O相會可能是原子間的碰撞、或是一組數學函數、或是吃和消化的過程，或是化學反應、或是♂與♀交會……，各種可能性會發生。玉文在《因緣聚合 氣象萬千》提到電雷的因緣聚合，我們著重正在發生的，現在正在改變，生生滅滅。過去無法改變，未來變得不可預期，當下電光火石無法捕捉，我們只能去經驗它，在其中品嘗經驗道家所謂的道可道非常道，以及佛教的空性。

O、啟程前我做了一個夢

（我）在夢中，診療室裡，眼前坐著一位來談者，

說著很多遙遠、破碎的故事，語言像符號一個個由他的口中飄出來，就像是《芬尼根守靈》的內容，他吟唱著比畫著，很難理解、不知所云，沒有邏輯，迷失在空間中，失去時間感……

一、解碼《芬尼根守靈》(Finnegans Wake) 票根：謎、夢、O、遊戲

(一) 沒有答案的謎題

《芬尼根守靈》全書寫一夜之間的夢囈，喬伊斯歷經17年來完成，他融合非常規的意識流技巧和善於操縱語言的實驗，使得這部作品閱讀起來晦澀難懂和神祕難解，可謂一本天書。倘若一開始採用平常熟悉的閱讀方式來看到這本書，從第一頁逐字逐句來理解，很容易便想放棄。文學家Vladimir Nabokov在*Strong Opinion*書中表達對《芬尼根守靈》「花哨的文字組織像癌變」的厭惡。

玉文將《芬尼根守靈：墜生夢始記》視爲接受喬伊斯的挑戰，她嘗試著，硬著頭皮，睜大眼睛，一字一字的咀嚼，還咬出聲音……有時放聲大笑，內在的框條與分別心被意識到而解開。的確，對事物的學習與認識總是先從自己熟悉入門、以先見之明作爲思考的參考點，「爲了使我

們所看到的東西成為某種東西，我們無法抗拒地求助於熟悉的結構概念，以找到打開《芬尼根守靈》『混亂』的鑰匙。」（Norris, 2019）。在混亂、混沌中企圖找到秩序結構成了一種求知上的安全感，以避開無知或求知不得所帶來的挫折與失序，成為自身對不理解事物的一種防衛。

換個思惟，如果是猜謎遊戲，好像一切表面文字，都只是為了引出好奇、想像、推理、找線索，於是揭示答案只是推開最後一道門走出去，前面的繞迷宮才是精心設計之所在。喬伊斯學者Tindall表示喬伊斯終其一生，迷戀於無法解答的問題，所有的著作中都放入謎語，導致作品本身也像個謎（Tindall, 1959）。他肯定喬伊斯的偉大創作就像所有偉大的文學作品一樣——就像世界一樣取之不竭；其中的樂趣，就好像貝克特（Samuel Beckett）的流浪漢，他們在無休止的困惑中找到快樂與平靜。

面對無法理解的事物，另一個例子是，蜜蜂舞蹈的多層次複雜性讓《莫洛伊》小說角色莫蘭說：「我比以往任何時候都更驚訝於這種無數舞蹈的複雜性，其中涉及我絲毫不知道的決定因素。我欣喜若狂地說，這是我一生都在研究的東西，卻永遠無法理解。」（Tindall, 1959）。不論是在困惑中找到快樂或是狂喜於無法理解的事物，當我們置身喬伊斯錯綜複雜的謎語迷宮中，即在面對未知O，

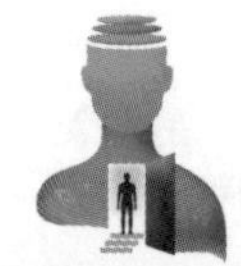

都是獨一無二的體驗。

（二）每個人都來做夢中主角

《芬尼根守靈》小說從傍晚開始，誰在做著這個夢呢？喬伊斯在*scribbledehobble*《原始工作簿》中寫道：「夢中的思想是幾個世紀前的清醒思想。莎士比亞的思想，但丁的思想，與所有其他作家的思想一樣，在《守靈夜》中循環。我們夢寐以求的每個角色都在變化，因為它們是由所有角色組成的；然而，在某種程度上沒有人物。就像做夢一樣。」（註1）

《芬尼根守靈》小說主角Humphrey Chimpden Earwicker（簡稱HCE），一位中年酒館老闆，情節其實很簡單，敘述HCE睡覺、作夢、夢醒。廣義地來理解HCE不一定是個人，而是愛爾蘭文化遺產的活生生的體現，是數千年來必須在整個歷史中生活和重複的思想、故事、創傷、經歷和希望的寶庫。「夢的語言建構的世界裡，小至個人的姓名，身分，性別和職業，大到國家，民族和全人類的歷史，文化，宗教等等，都似乎無時無刻進行著無條件的交換動作。」（梁孫傑譯，2017，p.6）HCE可以是平民、國王、教皇，將軍，也可以是高山、巨塔，或是蠟燭等。生死輪迴中，在不同的角色輪轉，做自他交換，放下我執。

HCE其中一個字意是「Here Comes Everybody」（每個人都來了），從字面意義上講，HCE體現了愛爾蘭歷史上的每個人，這是一種偉大的集體無意識，它定義了愛爾蘭人的意義。HCE可以被認爲是一種抽象或一種想法，一種在歷史上不斷重複的循環，從未增長或改變。到底是誰的夢？是莊周夢蝶或是蝶夢莊周？夢者也是夢中的一部分，爲何要追究是誰的夢？抑或一切就是夢。

（三）生生不息的O

《芬尼根守靈》中的「Wake」有著多重的涵意，既意味著歡樂的葬禮聚會也意味著從睡夢中醒來。喬伊斯自創「funferal」這一個複合詞，fun（歡樂）、feral（喪禮）。書中的主角建築工人Tim Finnegan取材自一首愛爾蘭同名民歌，他喝醉從梯子跌落死亡，哀悼者爆發衝突，一瓶威士忌被扔到芬尼根屍體附近，酒濺全身，醉人的氣味使這男人喜劇復活（威士忌在愛爾蘭被稱爲生命之水）。由死到生象徵著生命生死循環，也暗喻全人類循環往復的歷史。

書中並沒有開始也沒有結束，書中第一個字小寫riverrun（川流），銜接著全書結尾（Anna Livia

Plurabelle，簡稱ALP）所說在她與大海匯合時利菲河死去，書中最後一頁的斷句來到「孤獨，迷失，最後，被愛，長久（A way a lone a last a loved a long the）」，這未完成的句子，使人得再翻回書上第一頁回到開頭「川流，經過夏娃與亞當教堂，從海岸的逶迤到港灣的曲折，攜同我們沿著一再循環的敞寬街道，再將我們帶回霍斯城堡及其領地。」文字循環，像是榮格以銜尾蛇作爲人類心理的原型，沒有結束沒有開始生生不息地循環著，人類歷史不斷地重覆，人世輪迴累世有不同演出。

（四）加入感官經驗讓雜混失序變好玩的遊戲

打開中文版《芬尼根守靈：墜生夢始記》這本天書的閱讀初體驗是錯愕加上錯折，請務必不要將「錯折」更正爲「挫折」，這是我從喬伊斯那邊偷來的文字遊戲勇氣，玩起一種將錯就錯的雙關語。太快放棄便是挫折，誤以爲遇到挫折才是錯折。弗洛伊德認爲，一個人平時不經意間出現的諸如口誤、筆誤、動機性遺忘、童年回憶遺忘等差錯並不是無意義的，而是受到其潛意識的影響。若一切都是有意義，就讓意義自己說話，如實地記下來，不評價。

正如玉文閱讀《芬尼根守靈》的方式是「允許自己可以胡思亂想，像是進入夢境去經驗所發生的一切」。閱讀這本書轉化爲夢便得放掉想讀懂的執著，她從書中多段有關蛋的描繪，聯想到幾天沒吃到蛋和買不到蛋的生活眞實經驗，幻想與現實交會反而增生樂趣。玉文從作品中表面文字的堆疊，進入了內在的心靈反應。她視這些文字是一種密碼，需要我們解密。

Sebastian Knowles指出接近《芬尼根守靈》的祕訣在於將其視爲一棵偉大的生命之樹，而不是一顆只有穿著防護服和幅射粒子探測器才能接近的放射性石頭（註2）。一棵有生命的樹蘊藏無限擴展的可能，一本書只能受困在書架上。於是我從感官的實驗來爬《芬尼根守靈》這棵生命樹。

1. 與AI聯手：輸入文字讓AI自動產生圖片：

將書中第一段的英文字「riverrun, past Eve and Adam's, from swerve of shore to bend of bay, brings us by a commodius vicus of recirculation back to Howth Castle and Environs.」輸入軟體「Midjourney」，等幾秒電腦螢幕上出現電影場景般壯麗的城堡與海彎，AI聰明地爲文字打開了視覺畫面的驚喜。

畫面帶來了想像，再細細咀嚼這段文字，會發現文字不僅僅限於描寫畫面，還包括抽象的內在語言、形而上的思考、氣味、觸覺、聲音都可以用語言文字細膩地形容出來。AI創造了圖像，但是亞當夏娃、雷聲與所有的fall（墮落、墜落、殞滅）有關，這個虛構的故事以文字形塑一種可能，刺激我們去思考犯罪、處罰、道德、死亡、好奇、性愛與人性有關的議題。

2. 尋寶遊戲：找出最長的字在哪裡：

《威利在哪裡？》是一本有趣的「尋寶遊戲圖畫書」，要在密密麻麻的畫面中找到小威利，眼球非得異常專注不可。繪本作者Martin Handford表示他的創作靈感來自於音樂、電影、流行時尚和通俗文化，以及童年時非常著迷的史詩電影和玩具兵團。他鼓勵大家能以開放的心胸，觀察周遭正在發生的故事，探索身邊的世界，就能在平凡的角落中發現意外的驚喜。

換個方式來親近《芬尼根守靈》用專注眼球找小威利的方式，以尋寶遊戲來尋找，比起糾結在前後句的理解，或單字是否正確，更容易親近。

喬伊斯在《芬尼根守靈》中，甚至創造了九個100和一個101字母長的單字。最有名的是Bababadal¬gharagh-takammin¬arronn¬konn¬bronn¬tonn¬erronn¬tuo nn¬thunn¬trovarrhoun-awnskawn¬toohoo¬hoordenen¬thurnuk，代表與亞當和夏娃墮落相關的雷聲。喬伊斯用100個字母拼成「雷擊」一詞，模擬長時間雷聲不斷，由十多種不同語文（含日語和印度語）中的「雷」字組成。喬伊斯很怕雷聲，心中的恐懼使得雷聲轟隆更久。聆聽Youtube創作者對這段文字朗誦（註3），不同國家雷聲的狀聲詞群聚在一起，威力很大，這個由上帝發出的100個字母的單詞預示著芬尼根的隕落。在整部小說中，一聲雷鳴宣告了一個時代的結束或主要人物的到來（或離開）。玉文文中提到雷電的緣聚合的本質，如《金剛經》中「一切有爲法，如夢、幻、泡、影，如露亦如電，應作如是觀」，面對變化不執著。

3. 在笑聲中解構獲得自由：

想想如何運用感官（眼耳鼻舌身）爬《芬尼根守靈》這棵生命樹，正如這本書中建議像對上帝禱告：「大聲，把痛苦堆在我們身上，卻用低沉的笑聲纏繞我們的藝術！（Loud, heap miseries upon us yet entwine our arts with laugh-ters low!）」。據說喬伊斯聲稱如果歐洲人讀了《芬尼根守靈》，第二次世界大戰就永遠不會發生。不管這是否屬實，在它的表演語言上可以聽到和體驗到的

狂笑，有效地解構了任何政治、宗教、道德或哲學意識形態，這些意識形態明示或暗示地阻礙了人類與生俱來的自由權。喬伊斯透過幽默的詩歌語言來揭開意識形態未說出的面具，以及認識人的極端怪癖和與他人的相互依存（Boysen, 2021）。

二、搭乘比昂的O光速機：transformation in O

在認識比昂的「O」其困難不輸《芬尼根守靈》，到現在仍覺得模糊不清，比昂在不同時期給它賦予多重定義、他也會援用藝術、文學或哲學的觀點來說明。忽然發現比昂的O像是他所設的一個謎題，是否眞的有答案，或不需要答案而是創造一種尋求不得、找不到、好不解的挫折的經驗，或是另一種找不到沒關係，好玩好像又想再知道什麼的好奇，想繼續下去，這好像便是在經驗他所謂的O。求知作爲認識世界事物，或是在思考眼前個案這個人或會談中帶來的談話內容，這些都像是O，O是動詞也是名詞——正在經驗的經驗，O是一種進行式，一直在變化，因爲我這個人也一直在改變，眼前的事物、景物也隨著時間在變化。

有人曾問比昂有關於O，比昂說「我發現它很有用，假設當有一些我不知道但想談論的事情，所以我用O來表示。」比昂使用字母O時，它表示本體，即任何人都無法知道的事物本身。比昂提到精神分析的頂點是O，這是一個大膽的陳述，因爲它將這種邏輯上不可知、無法描述的現實置於在精神分析工作的中心。比昂試圖定義O——終極現實、絕對眞理、神性（godhead）、無限、自在之物（Vermote, 2019,p.29）——幾乎無助於揭開這個概念的神祕面紗，因爲這些定義本身就是難以描述的形而上學現實。

Reiner（2018）使用了藝術家、詩人、作家、神學家和哲學家的例子來探索比昂O的概念，她引用魯米一段詩句「Out beyond ideas of wrongdoing and rightdoing there is a field. I'll meet you there」她認爲詩中「field」這個字恰當地描述了比昂最神祕的想法，代表絕對眞理和理解它所必需的精神狀態。這是一個體驗意識而不是判斷對錯的地方（Reine, 2018）。

儘管比昂將O的形而上學或神祕概念引入了精神分析，但它所代表的經驗當然不是什麼新鮮事。自古以來，哲學家、詩人、神學家和藝術家就一直在研究這種心理狀態。它也是各種創造性工作的重要基礎，比昂認爲如果我們能夠認識到所有這些不同的學科——音樂、繪畫、精神

分析等等，那將會很有用（Reiner, 2018）。比昂認識到分析師和藝術家的共同任務是，表達超越感官的難以捉摸的形而上學眞理。

比昂將O描述爲「超越語言、超越沉思、超越認知……這超越性存在於我們的潛意識中」（Grotstein, 2007）。換句話說，我們既是肉體存在又是精神存在，因此雖然O無法在邏輯上被認識，但它體現在心靈的潛意識、原始心理方面，人們可能會瞥見其神聖的現實。與O接觸（這與成爲O、或O當中的轉化有相同涵義），對比昂來說既是意識又是潛意識的過程；意識的過程包括對未知事物最大可能地開放。爲了與O的這種感官現實保持接觸，比昂提倡沒有記憶、沒有慾望、沒有理解、沒有連貫性（no memory, no desire, no understanding, no coherence）（Vermote, 2019, p.17）。

比昂認爲記憶和慾望是破壞分析師觀察能力價值的照明，因爲光線洩漏到相機中可能會破壞正在曝光的膠片的價值。因此，比昂建議分析師應該積極尋求克制記憶、慾望和理性。比昂提出了一種夢境般的記憶，而不是記憶，它能夠打開心靈體驗和人類個性的O。根據他的經驗，當記憶和慾望被迴避，並人爲地使自己對感官體驗視而不見時，這種如夢似幻的記憶能力就會增強（Vermote, 2019, p.147）。

從精神分析的角度，比昂建議通向O的大道是通過分析師暫停記憶、慾望和理解。由於記憶集中於已經過去的過去，渴望尚未存在的未來，因此人們只剩下現在。這種對自我功能的暫時抑制刺激了一種無邊界的、夢境般的狀態，打破了自我邊界，促進了與患者體驗「一體」的感覺。暫停記憶、慾望和理解是一種暫時忘卻已知事物的方式，從而爲新事物創造心理空間。雖然放棄控制是暫停記憶、慾望和理解的體驗的一部分，但它可能是可怕的。De Kooning將空白的畫布比作創世記中的虛無，上帝從中創造了世界，他將自己屈服於這種無我狀態的經歷描述爲永遠完全迷失在太空中。這種對放手的恐懼在畫家對空白畫布的恐懼或作家對空白頁面，與未知面對面的恐懼中顯而易見。比昂將其描述爲在精神分析中伴隨與現實接觸的恐懼。抵抗是對O的抵抗。抵抗起作用是因爲擔心現實迫在眉睫（Vermote, 2019）。

由於O本質上是神祕的，因此通常認爲壓抑記憶和慾望的狀態總會產生非常非凡或令人印象深刻的新想法。然而比昂提到一個人通常忙於尋找不尋常的東西，以至於忽略了明顯的東西。他建議耐心等待，它可能會浮出水面被人看見（Reiner, 2022）。

三、進入空性樂園

比昂晚期的思想有著某些與禪宗有關的相似之處，特別是與諸如眞理、絕對眞理（O）、與O的接觸合一（at-one-ment）以及向O的轉變、信仰（Faith）。從佛教「空性」的觀點試圖來更理解比昂所提出的O，也許比昂所定義的O不全然是佛法所謂的空性，如果用種as if（彷佛）來理解，O彷佛是空性，或是可以說我們嘗試在空性中體會O什麼，不論是對O或對空性的更進一步理解，也是爲了讓我們在精神分析的工作擴展更廣的視角或深度。

O的無我狀態對分析師和被分析者來說都是不舒服的，這就好像很多人對「空」的概念往往不安，甚至害怕。東西無法從「空」中生起也無法正常運作，這是「虛無」不應與「空性」混爲一談；空性是一種宇宙性的潛能，宇宙、衆生、動作、意識。任何現象，如果究竟本質不是空性的話，根本不可能顯現（Revel & Richard, 2008）。

泰錫度仁波切在《喚醒沉睡的佛》以圖形由背景中凸顯出來的角度來看空性，空性作爲背景，而相互依存所顯現的卽是輪迴，把輪迴當作圖形，重疊於背景之上。在空性之上，一切事物成爲可能；若是沒有空性，這些也就不可能發生（註4）。因爲空性允許我們變動。它使我們能洞察及了悟。佛法所說的究竟眞理，分成兩種的層面來看：我們所辨識的現象世界屬於相對眞理；而萬物的究竟本質，超越任何存在或不存在的概念，超越顯像或泯滅，超越動或不動，超越單數或複數，這是屬於絕對眞理。因此，絕對眞理就是空性的體現、證悟，無二元對立，只能透過修行經驗來理解，不能透過分析性的思考（Revel & Richard, 2008）。

玉文在文中描述金庸《俠客行》石破天學會武功的經驗，「石破天是文盲，認爲自己看不懂祕笈，只能在洞穴裡面到處走走看看，卻沒想到不拘泥於字義，反而心領神會，打通任督二脈，練成了絕世武功。」比昂建議分析師保持沒有記憶、沒有慾望的態度應該伴隨著敬畏和神祕，才能促進O的轉化和形成。先入之見屬於頂點K（Knowledge），是可以裝滿的容器，記憶和慾望具有相同的性質；它們也是容器，一個用於過去，另一個用於未來。它們都是充滿空間的感官客體。當O進化到可以通過感官印象辨別它的程度時，就會發現這種心理現實。無限和有限之間的這個交匯點可以用語言來表達，儘管語言不能準確地表達它，因爲它們充滿了感官的聯想。言語允許在K-O的交匯處進行接觸，但重要的是信仰的行爲：超越

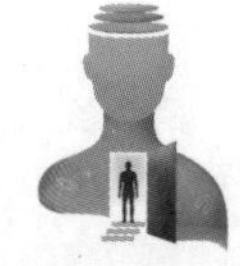

並接觸O本身，以便O發生轉變，O可以找到K（Vermote, 2019）。

比昂援引轉化（transformations）的概念，將精神分析思維從停滯轉變爲流動——即運動和變化的持續性——並幫助我們理解我們「從經驗中學習」的中間過程：我們如何「消化」體驗並將它們「代謝」成情感意義和客觀意義。他經常提到赫拉克利特（Heraclitus）的說法，即人永遠不會兩次踏入同一條河流。正如我們所理解的，「轉變」對比昂有不同的含義，但最重要的是，它必須結合進化——特別是O的進化，它可以被理解爲來自內部和外部頂點的環境、生命的不可阻擋的流動（Grotstein, 2007）。

O、返程的醒夢（waking dream thought）

在夢中，診療室裡，二個人所有人，聽著說著很多遙遠、破碎長大成了星球的故事，語言像符號一個個飄來飄去，自組團體依賴、配對、爭鬥一逃逸，就像是《芬尼根守靈》的內容，被吟唱著比畫著，無憶無欲，在無限星際空間漫遊，在恆河沙時間流沉思<—>輪迴<—>合一。

註1：http://peterchrisp.blogspot.com/2016/06/who-is-dreaming-finnegans-wake.html

註2：https://twitter.com/gcaw/status/1395651260892676103

註3：https://www.youtube.com/watch?v=TV3vT5nW_I4

註4：https://www.lama.com.tw/content/edu/data.aspx?id=2578

參考文獻

- Boysen, B.（2021）. A War in Words：James Joyce's Last Comedy（Finnegans Wake）. In Collected Papers of the 21st Congress of the ICLA（p. 403）.
- Grotstein, J.（2018）. Bion's "transformations in 'O'" and the concept of the "transcendent position". In WR Bion：Between past and future（pp. 129-144）. Routledge.
- Grotstein, J. S.（2007）. A beam of intense darkness：Wilfred Bion's legacy to psychoanalysis. London：Karnac.
- Norris, M.（2019）. The decentered universe of Finnegans wake：A structuralist analysis. JHU Press.
- Reiner, A.（2018）. Bion and being：Passion and the creative mind. Routledge.
- Reiner, A.（2022）. WR Bion's Theories of Mind：A Contemporary Introduction. Taylor & Francis.

- Revel, J.-F. & Richard M.（2008）。《僧侶與哲學家－父子對談生命意義》（賴聲川，譯）。先覺。
- Tindall, W.Y.（1959）. A reader's guide to James Joyce. New York：Noonday
- Vermote, R.（2019）. Reading Bion. London：Routledge.

郭淑惠

諮商心理師

新竹《心璞藝術》心理諮商所所長

精神分析取向心理治療師

臺灣精神分析學會會員

臺灣藝術治療學會專業會員

臺北市立聯合醫院松德院區《思想起心理治療中心》心理治療專業督導

台北市立大學教育學系教育心理與輔導組博士

第七章

語實驗言：如筏喻者，說話裡外出流浪者回頭重新言語實驗

劉又銘

與彥巖時：誕生自雨燕岩石的潑猴，在掌心跳著語驗言實的舞蹈

標題中所要闡述的故事，是孫悟空72變的故事，這72變，是須菩提祖師教他的，用意是躲避不能長生不老的天降三災，關於72變，一說是實：36天罡的倍數，一說是虛，根本沒有72，72爲1，1爲72。孫悟空在天宮大鬧之時，一下子變出許多境界，他跟如來佛打賭，翻跟斗能夠翻出他手掌心，卻只是留下一泡尿在五指山下，翻這一個筋斗遠到天邊，近在眼前。老孫翻這個觔斗，證明了如來的無邊，或者令人有些安心猴子被鎮壓了，有點失望猴子爲什麼翻不出去，但爲何如此令人感覺，仍有著證明甚麼的意義：即使人在掌心中，這個觔斗仍是除了證明自己被限制之外，還證明了甚麼呢？或者說，翻跟斗證明了翻不出去之後，才有了下一個延伸的境界。照文本來說，孫悟

空因爲大鬧天宮所以被壓在五指山下，但隱約感覺，翻跟斗的孫悟空，就像是在證明有甚麼東西已經在了而需要翻越；也許猴子的本性就在翻跟斗裡，而請問天宮，爲何不能翻跟斗？

在Thomas Ogden的語言的使用（1997）一文中，提到語言中的效果，總是在運動中，總是在發生的過程中，「總是在飛行中，不被瞥見，除非在飛行中」（威廉·詹姆斯，1890年，第253頁）。飛行的效果，是在飛行時才能被看到；而語言的效果，乃是在語言的使用過程中被創造。

「在夜空中飛行，星星在我身邊發亮，因為黑暗，也因為飛行，我身邊，星星在，卻也不再，因為夜空本是融合不在身邊的星星的光亮，而且夜空不斷自轉……」

《芬尼根守靈》的文章裡，無法看懂的文字排列組合，進行的文字實驗，帶來了像是閱讀精神病性病人錯亂的言語的經驗。實情上是文學大師的作品，現象上則像是聆聽做夢的病人說話；或許說話的時候，跟作夢的時候，是否有甚麼不一樣嗎？說話難道是在試著做，讓做夢更有邏輯的事情而已？是誰在做一個天宮的夢遮住了天空？但是說著有邏輯語言的人，會比說著夢話的人的語言，更接近自己的經驗嗎？然則或許是被迷失在一種形式之中了，不是清醒的話或是夢話的問題，也不是實驗的語言能否被懂得的問題，而是或許在翻筋斗、飛行、和實驗的過程之中，有甚麼被找尋、被連接、被重新獲得。

「一旦詩歌、小說、戲劇或文章寫成，作者的問題和（有意識的）意圖就會退居次要地位，因為讀者是自己對所說或所寫的回應的作者。」，「意義不斷地正在變成新的東西，因此不斷地在削弱它自己的要求和確定性。分析師的語言必須體現出永遠在努力產生意義的緊張狀態，同時在每一步都對已經『到達』或『澄清』的意義提出質疑。」（Thomas Ogden, 1997）

做實驗的等待階段，像是等著看孫悟空72變戲法的心情，我們或許都不是孫悟空但我們或也都是孫悟空，因爲語言是每個人都曾放在手心玩過的玩具，我們都曾斟酌過，在每一種關係中，一句話要怎樣說，才能在兩邊不同的世界中連出一道詮釋我們心情的感覺，能讓心情飛出去的感覺～

想到一些語言新發明的例子，說屁話的功能：

夜露死苦是日本的「你好」（網路俚語）

或是台灣球迷們常用的how to lose：豪吐鷺鷥

這能令我們會心一笑，這像是孩子發明的語言，藉由諧音的翻譯，讓人感受到語言當下不同意義的交融而豐富

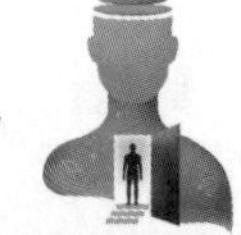

有趣。某治療師說，你要報個案，你眞的想抱他嗎？還是比較想要讓別人先抱？藉由荒謬性的語言，反過來讓語言所指偏移的時候，讓心智注意到能指的有限，而我們有機會體會到所處世界的有限，以及相對或許有某種語言所能解釋之外的beyond空間。

一如維尼克特說的，他起先詮釋是爲了讓病人知道他知道甚麼的聰明，或許那目的有著希望藉於此讓病人可以有學習的機會，但後來詮釋的目的，是讓病人知道他所知道的極限，或許藉此讓病人知道，他所未能知道的環境的外衣，這包覆在他所知道的世界之外的事情。

如果用光照亮來比擬（知道），那麼Bion說的：在光明之中照進一道黑暗，而讓原本隱身在光明之中的事物顯現，就像是用另一隻眼睛看到了人所處於自己所知環境之內的外衣。在對芬尼根的不理解之中，這或許是喬伊斯的語言所創造的詮釋效果，像是將環境也描寫進來的大千世界而不只是對一個心智所知世界的描寫，藉由不理解所指的未知，而顯影了所知的有限，於是復生了心智所未能描述之物的影子，就像以爲已死的芬尼根。

Thomas Ogden提到在英文學系學習的經驗：「隨著學年的進展，風格停止的地方和內容開始的地方變得越來越難以確定。過去和現在之間的關係也變得有趣而複雜：

似乎『過去』在很多方面只有在當下能夠創造的語言中才是真實存在的。過去的無言無語變得明顯，因為它頑固地拒絕被言語縮小。一個被言語玷污的『內在真誠自我』的幻象似乎崩潰了。取而代之的是，一種『真誠』（其含義不斷滑動和滑落）與使用語言讓自己向自己或他人介紹的方式密不可分的感覺開始浮現。」（Thomas Ogden, 1997）

接著是一道問題，爲什麼我們能夠看懂別人的文章？

我們怎麼能夠用知道的東西來處理不知道的事情呢？想像的是，或許是我們心智在告訴我們，我們有懂得的感覺了，懂得或翻作knowing，懂得，像是在心上擁有了，掌握了，Bion提的knowledge或許與此有關係。懂得，有如在舊瓶裡裝入新酒，那麼懂得的效果，是一種瓶子，或是一種酒？

「懂了」的感覺是否介於心智對preconception的印證（這印證像是母親的reverie那樣，製造了一種使人安心的環境），以及似乎有一種創造意義的再現感覺，（像是心智能夠透過再現，而讓心智感受到連結linking能爲主體帶來事物的能力），也有著像維尼克特說的，藉由部分客體的組成形成了主體，那樣帶有可成型（form），可使用（use），可連結（link）的存在感，存在感是種感覺，

是再現存在（being）的能力，借由內在心智感官而實現（realization），而被當作了眞實的本體，當人沒有存在感，這情境可能像是人跳進了大海裡，浮在水中感受不到重力時，好像失去了重力存在感而漂浮。當人被剝奪了所有色聲香味觸法感覺時的景況，人無法證實自己的存在。但存在，是沒有消失的，只是感官再現本體的這個環境消失了，「我」這個容器的形狀邊界，恐怖地不存在。

「Bion對他的分析者James Grotstein的一句話，當Grotstein對Bion的一個解釋回答說：『我明白了。』Bion停了一下，然後冷靜地說：『請盡量不要理解。如果你必須理解，請超越理解、迂迴理解、旁觀理解，但請盡量不要理解。』（Grotstein，1990年，個人溝通）。」（Thomas Ogden, 1997）

但或許就在這種失去感官的情況中，帶來了重新結合的機運。一道黑暗照進光明，或可比擬之，在一片所知之中，原來早已還有讓未知存在的空間嗎？這可以想起中國山水畫，或是小時候學畫畫，老師說的留白，這也可能指涉內心的空白之處，那空白之處是否可以容納在意識世界建立法則的knowing之中，好像無處可逃的風景，這樣反推來說，內心的空洞感，是一片留白給未知的世界的空間，是已經有未知存在於此，不想被所知所打擾或摧毀，所建立的不溝通的王國。

或許是很久以前就有的「懂得」經驗的重現：「我」了解了，「我」是如何使用「被父母所使用」的經驗而建立了。這是運用「已知」soma的經驗，建立了對「未知」（我是什麼？）的掌握。懂得用已知連結未知，將其包覆容納，建立一種關係，像是建立「我」與「非我」的關係，同時經驗到空與有的連結，空跟有的存在，是故空不礙有，有不礙空。

「當作家用語言給我們『環境』時，我們必須創造說話者（以及我們與他的關係）。這就是通過詞語創造出的一種人類體驗形式的本質。」（Thomas Ogden, 1997）

或許這邊回應的問題是，我們怎麼能夠用知道的東西來處理不知道的事情呢？這時Bion說的一道黑暗成爲了一盞明燈，有點像孔子說，未知生，焉知死；又說道：知之為知之，不知為不知，是知也；知道（knowing）的過程建立在對立的概念上面，心智選取的事實（selected fact），對心智是一道光明而其背後成爲一股黑暗，這黑暗之處能爲心智的未知之物提供收容所。因爲心智無法處理空，必須得有。

而在看《守靈夜》時的違和感，很不自在，空空蕩蕩的認知空白，像是看不到鏡子裡熟悉的樣子。自在，這個

中文詞句很有意思，自然存在，自動存在，自我存在，之所以自在，令人想起維尼克特的孤獨的能力，那是因爲心上能夠充分地再現，運用文字所應當帶來的意義。

「當我提到語言中創造的效果時，我強調的是語言使用的一個維度，其中意義／感覺的創造和傳遞是間接的，即相對獨立於所說的話（在語言的語義內容層面上）。這種語言中的效果總是在運動中，總是在發生的過程中，『總是在飛行中，不被瞥見，除非在飛行中』（威廉·詹姆斯，1890年，第253頁）。」（Thomas Ogden, 1997）

在空中飛行的語言：語言的能指，或許是與失落（contained）相隨的container，而其所指的或許是無形之物，也就是空：（般若攝無量義：性體空寂，我法俱遣，情執盡空，得無所得。「般若」是智慧，裡面含無量義，這是真實的無量。般若之體是「空」、是「寂」。空不當作「無」講，為什麼叫它做「空」？因為它沒有形相，我們眼睛看不見；它沒有音聲，我們耳朵聽不見；它不是形體，我們摸不到，不但摸不到，我們起心動念去想也想不到；它有，它不是沒有，它真有，就用「空」字來形容它，說它的體是空。——淨空法師〈金剛般若研習報告〉）。因空，而須有所指，否則不能在意識這個維度出現，若沒有外型則或許對大腦來說就是一片空白，因爲如同無法解讀的東西的經驗。有，與沒有，是在一起的，心上有，只是不再（不在），就像母親的x+y+z分鐘。

最後回到六祖慧能大師的故事：心動，風動，與旛動。語言說出口，就像是使用風動和旛動，但所眞正能夠所指的是心在活著，看見風動也好旛動也好，是心動所以看見，像是嬰兒看見母親的凝視，being看見not-me而後使用not-me定義了me，從此落入凡塵做人，忘卻如來，忘卻自己誕生的方法，因有，而害怕沒有，有始有終，這就像是死去一般。Ogden則曾描繪過一個使用語言模仿死掉的例子，模仿語言的使用而讓語言成爲一種死掉的現象，可能用這作用所引發的情景，作爲一種內心死掉現象的保護層。

由空到有的語言的描繪作用：準備此報告時，正巧某研討會在討論維尼克特的fascilitating environment，卻發現從來沒有這樣一篇文章，這是在maturational process中某個標題，而由許多篇章所形成的這種form，是透過formulation形成的。

或者目前「我」只是因爲被喬伊斯的守靈夜的困難而受打擾了，語言的作用可以是一種容器，一種環抱，一種環境。這種關係和生命成形，人格成型，像是模仿生命原始的母嬰關係這面鏡子，來複製。有給了無一個形狀，

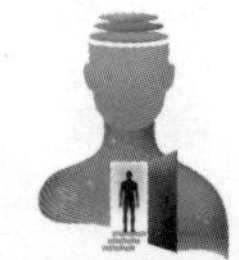

「我」給了生命一個模樣，然後創傷發生一般漸漸死去，直到守靈夜的那天，死到了頂點時，有個死人翻個筋斗的機會。

從有到無，因寧靜無生恐懼而再無中生有。Bion在他的《思考的理論》（A Theory of Thinking, 1967）裡提到的想法，病人將死亡恐懼交給治療師，希望在治療師那邊消化得足夠久之後，再交還給病人。

最後借用《地海奇風》的語言，給如來一個飛行的描繪：「我們打破世界，好讓它完整，」格得說。很久以後，恬娜用安靜單薄的聲音說：「形意師傅相信，只要他呼喚伊芮安，她便會回到心成林。」格得什麼也沒說，直到一陣子後才說：「恬娜，看那裡。」她順著格得的視線望去，望入西方海上昏暗的天際。「如果她來，她將會從那裡來」他說。「而如果她不來，她就在那裡。」——Ursula Le Guin《地海奇風》

參考資料

- https://www.6laws.net/99life/lawbook/%E9%87%91%E5%89%9B%E8%88%AC%E8%8B%A5%E7%A0%94%E7%BF%92%E5%A0%B1%E5%91%8A.htm〈淨空法師金剛般若研習報告〉

- Thomas Ogden MD（1997）Some Thoughts on the Use of Language in Psychoanalysis. Psychoanal. Dial.（7）（1）：1-21.
- *Ursula Le Guin*，《地海奇風》，段宗忱譯，木馬文化出版。
- Bion 1967, *A Theory of Thinking*, pp.110-119, Chapter-9, Second-Thoughts, Jason Aronson INC.

劉又銘

精神科專科醫師

台中佑芯身心診所負責人

臺灣精神分析學會推薦精神分析取向心理治療師

精神分析臺中慢讀學校講師

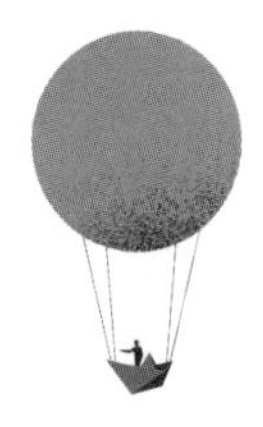

言語斷裂處的PS（註1）是心靈的吶喊，是探尋O的入口

與談人：莊麗香

回應劉又銘〈語實驗言：如筏喻者，說話裡外出流浪者回頭重新言語實驗〉

閱讀《芬尼根守靈：墜生夢始記》，很多人會有煩躁感，我也不例外，這是一本由文字密碼組成的小說，難以像閱讀其他小說般的動人故事讓人愛不釋手，取而代之的是解密文字組合以獲得豐厚的故事內容，反而讓人想中斷暫停一下，以免心智進入一種混沌或混亂不知所云的感覺。有時想想，這種不知所云又不像一種眞的完全對不上，不知道說什麼，可以很乾脆的切割；反而是一種好像有東西可是又沒有東西的難受感，或好像有東西可是不知道是什麼的一種難以掌握的感覺。不知道這可不可說是文學家喬伊斯透過小說的述說，也傳遞一種無法消化的經驗？

如果將《芬尼根守靈：墜生夢始記》類比爲表達了人世間各種愛恨情仇、慾望或痛苦的煩惱，那麼《金剛經》和比昂就像是站在靈性層次和心理治療層次來協助人們

「離苦得樂」。閱讀《金剛經》的歷程，在試圖理解的過程中，我的心靈也跟著進入一種安自在的狀態，不由得產生一種好奇和疑問，佛學如《金剛經》是否可以取代心理治療，對於我作為一個心理治療的心理師，思考這兩者的差別在這次的閱讀思考中扮演了重要的角色，以下我的回應從又銘文章帶來的思考開始，接著分享個人對於《金剛經》閱讀與心理治療經歷的對照所帶來的思考觀點。

又銘用孫悟空72變仍跳不出如來手掌心的故事隱喻開展對閱讀《芬尼根守靈：墜生夢始記》的一些感受與思考，我覺得這個隱喻會讓我聯想到喬伊斯的文字密碼相當有創造力，像孫悟空一樣的72變，但卻是跳不出如來的手掌心，如來也是佛家思想的一個象徵，一個無邊無際的象徵，好像有一個未知強大的力量限制住了創造力的開展，如果這個限制是跟心理發展歷程有關，那麼就很像比昂說的O，一個未知的無限領域，在這裡面發生了什麼經驗是不知道的，並且等待著被轉化成可以思考的思想。

《芬尼根守靈：墜生夢始記》這部小說裡呈現濃縮又難懂的言語，也像是精神病性的喃喃自語以及新語症的現象，又銘對閱讀過程中產生的不自在感聯想到比昂說的在光明之中照進一道黑暗讓隱身的問題顯現，是否喬伊斯背後想傳遞些什麼？那語言可以讓人看懂又有什麼因素在

裡頭？我看到又銘用一種佛家諸相非相的態度試圖貼近實相，以溫尼柯特與比昂理論思想的理解爲背景，產出了豐富多元的思考，有幾個點的思考我覺得很有意思：

（1）語言的表達跟發展歷程是有關的，需要夠好的母親給予一個涵容的空間，讓preconception得到父母的回應與印證，並形成主體與使用母親這個客體的歷程中，發展出存在感、連結與孤獨的能力，那麼小說中傳達的違和感是否可能也跟這些發展出現障礙有關？

（2）或者因爲在O裡的經驗因爲看不到、摸不到，所以也無法用語言表達？

（3）從網路幽默雙關語的運用聯想到語言的偏移，偏移是爲了保護語言外的空間？這空間是否也可能是溫尼柯特所說的溝通與不溝通的空間？

（4）如果從佛家的「空」去思考，空不是無，那不在語言裡的又是什麼呢？是上述的不溝通？還是不斷收拾碎片垃圾的空洞？還是更讓人驚艷的經驗，如死亡恐懼、不出聲（出生）的恐懼？或是一堆在搖籃中不消化的無形之物（unnamed dread）進入有形（shadow, darkness）被封存在心智中？

我跟又銘有類似的感受但從不同的思考角度來切入，

對於閱讀《芬尼根守靈：墬生夢始記》所帶來的強烈挫折感有一種聯想，覺得像是一種平行的移情與投射透過閱讀小說傳遞給了讀者。小說文字經過拆解之後，其內容相當豐厚，讓人欽佩喬伊斯的學識經歷與文學造詣，但卻同時要經驗一種相當挫折或難以忍受的感覺而使得多數人無法繼續下去，甚至有人認爲喬伊斯浪費了才華。如果想像小說的內容是在治療室個案對治療師說的話，在佩服個案厲害的才能之外又同時經驗到很大的混亂與挫折感，像是個案投射一種難以消化的經驗給治療師，而治療師的工作需要能夠忍受（涵容）這樣的反移情；或者也可以說個案共振出一種像psychosis的感覺，自然讓人很不舒服，所以說喬伊斯是否也藉由這本小說的創作平行投射出內在一種難以忍受的心智狀態？

當我用治療室的比喻來敍說我的感受時，難免會有種對文學家的冒犯感，也想到對愛爾蘭文學相當有興趣的一些讀者，像是努力翻譯這本書的梁孫傑教授，聽他演講翻譯《芬尼根守靈：墬生夢始記》的過程是有趣又感動；或者努力的研究這本書的其他作者與翻譯者，例如《爲芬尼根守靈：普查》和《爲芬尼根守靈：析解》，雖然這些愛好愛爾蘭文學與喬伊斯作品的人們也有閱讀理解經驗到的困難，但也相當讚嘆和欣賞，其中有人看待閱讀困難的感受是：「僅僅是因爲該書所保持的技巧大膽出格。該書運用模稜兩可的雙關語或夢境，書中各式各樣的形狀交融，各式各樣的人合爲一體，許多名字可轉換成其他名字……」（註2）。所以我只是從某一個角度來敍說感受，希望能被理解無意冒犯，而且當我從某種psychosis的呈現這樣的角度去思考時，喬伊斯的文學造詣與成就似乎也在驗證溫尼柯特所說的眞我具備潛能與創造力（註3），或比昂說的O裡面有生命存在的動力性泉源與無限潛能（註1）。

比昂晚年的思想著重在O，「他把O定義爲等同於終極現實、神性、眞理、或物自身」（註1），認爲心理治療要能夠協助個案走向終極現實，從比昂思想的觀點來看，閱讀《芬尼根守靈：墜生夢始記》帶來的PS感受，如果類比成治療室中的移情投射，那便是一種受苦心靈的吶喊，就心理治療的角度來說是探索O的入口，心理治療由此開始協助個案朝向終極現實、神性、眞理或物自身。比昂有些觀點是跟佛陀很像的，例如比昂強調對經驗的思考，這種思考不是理性邏輯科學等的思考，而是眞的體驗自身的感受情緒，並消化思考轉化，而佛陀強調他所有的教導都是不可信的，都要經過親身體驗的檢測（註1）。

從上述的觀點回到我這次閱讀《金剛經》的體驗，

因為我個人未對佛學有研究，所以在閱讀《金剛經》時會跟心理治療作對照，例如《一行禪師講金剛經》（註4）用玫瑰花舉例說明「相」、「非相」與「實相」時，我的理解是一朵漂亮的玫瑰花展現在眼前的一幕是「相」，但它是由陽光、水、氣候等因素的配合下而長成現在的樣子，玫瑰花之後也會枯萎、凋謝，這些是「非相」，當這樣思考的時候，時間的流動加進來了，空間的流動也加進來了，感覺變得不一樣，有種「實相」的主體性出現了，不再是單純的一種感覺反應而已，這帶來一種心境上的變化，有一種踏實的存在感。

閱讀《一行禪師講金剛經》除了對般若智慧有佩服與感動之外，也在我時而有之的煩惱心升起時，藉由般若智慧之語協助自我涵容煩惱，並用不同的態度去思考轉化，不但煩惱不再是煩惱，而且有進一步的心靈成長，這樣的心理歷程不禁也讓我疑惑那心理治療與佛教的宗教信仰有何差異，佛教的般若智慧既然如此神通廣大，那可以取代心理治療嗎？

我開始從自身的治療經驗反思，以回答這樣的一個疑問。我個人經歷多年精神分析，分析過程中的退行反應雖然帶來極不舒服的感覺，但從退行成長到有能力獨自面對生活的各種挑戰，充分感受到內在變得很不一樣，我會用

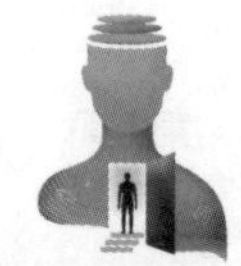

三個名詞來描述：1.長出了較統整的自我、2.自我覺察敏感度高、3.對體驗的思考能力。我年輕的時候翻過佛經，覺得有道理但卻很快地被擱置在一旁，現在想想，那是一種大腦的知道而非眞的能體驗到，因爲此次閱讀《一行禪師講金剛經》對於一行禪師的講解與舉例，常常對書中所講述的般若智慧發出讚嘆之聲，有些時候會經驗到我的身心處在一種很鬆的狀態，有一股能量流很順暢地在流動，難以用詞語描述，但這種感受接近慈悲、平靜或喜愛。

綜合我自身的經驗，我覺得比昂說的對體驗的思考能力是重要的基礎，比昂講的思考是對自身經驗感受的思考，而不是科學理論等的思考；如果一個人缺乏對自身經驗感受的思考能力（在此也許用思考器官會比思考能力更貼近比昂的概念（註1）），那麼就難以眞的體驗《金剛經》的般若智慧，容易落入一種以爲知道或者變成一種認知的教條，像是加強了心理防衛機制的運作，遠離了溫尼柯特所說的眞我，或者比昂說的O。換句話說，對某些人來說，是需要經過心理治療長出對體驗感受的思考器官，缺乏它可能也會跟般若智慧離太遠而無緣。但若具備基本的思考器官，《金剛經》猶如從靈性的層次介入，其影響力或發揮的效果是相當大的，甚至有些是心理治療無法做到的。一行禪師說跟人形成依賴關係，人是變動不穩定的，跟佛建立關係，他是穩定不會變的；我想也許佛不只穩定不變而已，他還有著集體潛意識裡強大的靈性力量，所以他的般若智慧被吸收理解時，發揮了更大的影響力。也許這也可以說是一種靈性依附，在這個依附關係中，佛的智慧透過《金剛經》引導我解決我的困擾，就像是溫柔的母親，帶給我溫暖而涵容的力量。

佛家的般若智慧不僅有助於我個人成長，將佛學思想帶入心理治療亦能提升治療時的靈性層次，如《佛教與心理治療藝術》所言，能夠將治療師的態度調整到靈性層次而非個人層次（註5），河合隼雄說：「在思考移情／反移情時，把醫患關係模式化成父母與孩子的關係，化成戀人之間、兄弟姊妹之間以及朋友等等之間的關係，有時是會有幫助的。但是如果你只有這一種思路，你對移情／反移情的理解可能會過於停留在個人水平，而忘記了從靈魂這個角度來理解他。如果你用另一種模式來看醫患關係，把當時的情境看成是個體與石頭、樹木、河流、風，以及其他大自然景象之間的相遇，心理治療的水平可能會深得多。……在這種靈性層次狀態時，治療個案時所產生的各種念頭或反移情彼此間或許矛盾，但可以同時存在，不一定要整合。」

《等待思想者的思考—後現代精神分析大師比昂》的

作者希明頓等人說：「為了理解精神分析，在思想上必須走出去，進入其他向度；直到思想得到滋養之後，再返回到出發點，從那裡再度出發，進入寬闊天地。」（註1）《金剛經》的般若智慧亦能幫助我得到思想上的滋養，以及培養出比昂所倡導的忍住、等待、無憶無欲，直到O的出現，找回原初心靈的生命泉源，所需要的修練與能力。

參考文獻：

- 註1：此處的PS是paranoid-schizoid position，採用的是比昂對於PS的概念，雖此用詞原由Klein提出，以一種本能死亡衝動的觀點來訴說，認為個體內在幻想世界進行一種分裂投射機制，將壞客體投射出去然後又擔心被所投射的壞客體毀滅的威脅而想要排除此壞客體的一種迫害性焦慮。但比昂對PS提出不同的看法，認為是無法忍受的挫折，導致將那些不可忍的精神內容大批排泄出來。見Symington N. & Symington J.（2014）。《等待思想者的思考》（蘇曉波譯）。心靈工坊。（原著出版於1996年）。
- 註2：Glasheen A.（2022）。《為芬尼根守靈／普查：人物及其角色索引》（馮建明等譯）。pp8。書林。（原著出版於1977年）。

- 註3：溫尼柯特認為只有真自體才能有創造力與感受到真實性，見Winnicott, D. W.（1965）Ego Distortion in terms of True and False Self（1960）. The Maturational Processes and the Facilitating Environment：Studies in the Theory of Emotional Development 64：140-152。
- 註4：一行禪師（2021）。《一行禪師講金剛經》。橡樹林文化。
- 註5：Hayao Kawai（2004）。《佛教與心理治療藝術》（鄭福明、王求是譯）。心靈工坊。

莊麗香

諮商心理師

臺灣精神分析學會會員

《看見心理諮商所》諮商心理師

《鉅微顧問管理公司》特約心理顧問

臺灣精神分析學會推薦精神分析取向心理治療師

第八章

心處用處：應無所住，當O開始在人世因緣裡隨緣處處用心

蔡榮裕

先從比昂（Bion）在巴西的討論會的某段說法開始：

當個案對我們說話時，我們可以考慮我們最好怎麼做：是要知道個人所能知道的所有精神分析？或盡可能忘掉這一切，讓我們的直覺，不論它多薄弱，能夠有機會，在患者告訴我們的內容裡看到某物，不論它們多麼微弱和模糊？我們需要某種精神上的雙眼視覺——一眼是盲目的，而另一眼是有恰恰好的視力……當沒有我們所知的，（剛好是我們的前輩教我們的）任何詮釋，能照亮那種處境時，難道，我們就不能不要看我們被教的，而就去使用我們自己想倡議的嗎？這是最危險的事。這也是傲慢和趾高氣昂的事，在某種方式上，你勢必需要有些笨的忽略你曾被教的一切，而且還能想像你將可能會知道更好的事。

透過另隻眼睛來看的話——回到天文學來說。當大部分人說：「這收音機爛透了：我聽不到它播送的節目；音樂被干擾淹沒了。」但是某些難搞、變態、愚蠢、無知的人，決定不要聽美麗的音樂，卻反而決定要聽那干擾的聲音。你可以想像，還有比這種情況更變態、更愚蠢的嗎？竟然不聽巴哈或貝多芬，而是聽干擾的聲音？然而，沒幾年後，人們就建造了巨大的無限電收音望遠鏡去聽干擾的聲音，聽那些背景裡的噪音。爲何這些科學怪人、愚蠢、精神病、變態，讓人不耐煩的人，被選擇來完成這些冒險呢？爲何伽利略反對所有權威（包括重要的宗教權威），說著和宇宙和神在地上的代理者所說的不同事實呢？我們無法安適的說「不要管那些神智清醒的人了，我們眞正要鼓勵的是那些所有的瘋狂的人。」但我們當然也無法承受代價地說：「這是神智清醒的人，而那是瘋狂的人。」事實是，在某一時刻裡叛逆的精神病部分，下個時刻幾乎立卽就會被轉化爲神智清明的、富有魅力的建制（Establishment）。（蔡榮裕譯，Bion, Brazilian lectures, Rio de Janeiro, 比昂全集 VII：101-102, 1974.）

1.其實今天的三個主題內容文件，可以說都是天書。我想我們就是在這種心情下，展開我們的探索之旅，也可以說我們是嘗試實踐，比昂晚期所體會到的人性，尤其是在分析治療的過程，所遭遇的最終的未知（unknown）

的實情或眞相。也許這種實情也是生活和生存的實情，如金剛經裡所說的「無相」。

2.至於《芬尼根的守靈夜》（以下的引用，大都改寫至維基百科。爲了閱讀的順暢，就不再重複說明引用來源。）則是另一場偶遇，我們只是想著，何以這本法國精神分析家拉岡只看了15頁就放棄，作者喬伊斯也親口說：「這本書至少可以使評論家忙上三百年。」我們何苦找這種苦來吃呢？我們無意眞的去考古文字裡的根源，那麼到底是期待什麼呢？也許只是讓我們在心知如此難解的情況，我們是否可以比拉岡再多看一頁嗎？

3.倒也沒必要跟拉岡比較，他的文字也是經典了，也是需要像我們今天要談論的這三份文件那般，得再重新解讀，才會讓這些重要資產，可以不只是博物館倉庫裡的文件，而是可以再以某種方式或思緒來展演，讓它們可以因此在我們的研討會裡，再活過一次，並且形成文字出版再現，也許這樣子就算是，對這些文字資產的重要敬意。

4.我前面的七位朋友們，從不同面向各自以自己的語言，來述說了這三份文件的意涵。我們是以這種方式拼湊著心意，我們對於精神分析的心意和敬意，雖然當我們以這種方式，試圖做爲我們尋找自己的精神分析語言的過程。何以我會說，是在尋找自己的精神分析語言呢？這是什麼意思啊？

5.精神分析的語言，從佛洛伊德本身，就是一直在變動的成長過程，後來的承續者也大都是有著新添重要術語，做爲貢獻精神分析的心意。例如，拉岡、克萊因、溫尼科特、比昂等，都是隨著個人在地文化和個案群的不同，而有著增添語言來豐富精神分析。因此我們這次的研討會，也有著這樣的心情做出發。

6.起初的構想是，讓比昂的O的概念和境界，與喬伊斯的小說，和金剛經的交錯閱讀，是否能讓我們對於這三種陌生領域的經驗，可以有所感受，並透過這些感受來體會，對於比昂所說的「未知」的想像，而不會以爲精神分析已知道了人性。但是過程是辛苦的，對我來說尤其是喬伊斯這本《芬尼根的守靈夜》，彷彿變成了想下去的妨礙。

7.先從困難面著手，的確有了一些行家有著負面的評

論，美國作家懷爾德嗜讀《芬尼根的守靈夜》，但他警告年輕朋友，千萬不要再去看，因爲實在太浪費時間了。英國的評論家把《尤利西斯》和《芬尼根的守靈夜》解釋爲，「作者企圖將它寫成世界的歷史，一本人人都參與其中的書；作者試圖建立一種現代的元語言，一種爲小說藝術而構造的世界語。」

8.甚至有這麼說的，「喬學」專家一般認爲喬伊斯的著作，充其量只是個人才華的演出，他以此始，又不得不以此終，這條路註定是行不通。1945年作家蕭乾在蘇黎世寫道：「這裡躺著世界文學界一大叛徒。他使用自己的天才和學識向極峰探險，也可以說是浪費了一份稟賦去走死胡同（cul-de-sac）。究竟是哪一樣，本世紀恐難下斷語。」

9.1993年布克獎得主羅迪·道伊爾，在紐約的一次喬伊斯紀念研討會上，猛烈攻擊喬伊斯：「我唯讀了三頁《芬尼根的守靈夜》，便生出浪費時間的惡感。」我覺得這倒是有趣的說法，何以由此而生出浪費時間的惡感？但是這本書卻是如此被傳說著，是因我們一開頭的想像嗎？例如，隱含著未知，但又知道它是拼湊很多資料，而形成一本書，或者有著想要讓它成爲一個人的造夢，如同中譯本副標題「墜生夢始記」。

10.副標題的「墜生夢始記」，卽有著多重的相關語，例如「醉生夢死」，而墜取代醉，有著故事裡的主角從高處墜落而死的意思，但這裡的「夢死」在小說裡是以夢開始的，「夢始」這些語言的拼湊的方式，的確在精神分析裡，由於語言和夢的新奇說法，使得是曾在案例報告時，一度曾繞在文字語言的聯想，或者錯置音同意不同等，玩著語言和文字的遊戲。

11.在那時也許大家會以爲，那就是精神分析，或是精神分析的大部分，尤其是以佛洛伊德談論笑話的小書做基礎，由於說笑話裡有著一些語詞的諧音，所衍生的樂趣和岔路的想像，也許那也有著法國拉岡精神分析論點的推波助瀾，只是近來這種方式的分析，也可能走進老套的玩法，新奇性也降低了。不過也許喬伊斯這裡守靈記，是有著同工異曲？

12.也許就這樣結合了玩文字的遊戲，加上對於佛洛伊德的夢和潛意識流的影響，而出現了文學式的人造夢，要來接近精神分析所開展出來的新奇視野。雖然我覺得這種玩法，如果現在再來玩可能就是很老套了，只是增加那瞬間的好玩，覺得很精神分析，但是那眞正帶來的理解是否仍如當年呢？也許是淡了？

13.要增添經驗和想法，來豐富精神分析的方式是多樣的。我們《以文會友》的系列，目前是採取以精神分析文本之外，另找文學電影等加上佛教的經典。例如金剛經或心經等，一起閱讀的方式。這是意識的安排，但對於會有什麼結果，卻是難以預期。只是假設，如果就這樣閱讀和思索，是否有機會產生出有創意的想法？

14.全名爲《金剛般若波羅蜜經》，波羅蜜多，是梵文的音譯，但「多」字會被省掉。它的意思是「到彼岸」，也就是從苦難的這邊，到達「離苦得樂」的那邊，亦即超越生死的苦難，渡過生死的大海，得到「解脫」，所以波羅蜜實際上有「超度」的意思。一般人常常以爲念經是爲了亡者，是爲了超度亡靈，其實這是本末倒置；因爲佛說法主要是爲了超度我們活著的人。

15.解脫和超度，與精神分析裡常用的自由，例如自由聯想或自由飄浮的注意力裡的自由，是等同的嗎？英文都可能是free，使用超度自己，的確是易生誤解。但是「解脫」一詞倒是生活常用的，不過如果使用解脫這語彙時，和佛教的意義聯結起來後，會產生什麼後續的效應呢？我是很期待看見這些結果，雖然這只能未來才能知。

16.引進這些佛教語言，並非就是完全依照佛教的修行方式來做，不過可以參考看見佛教所進行的修行方式，來獲得那些經驗，這和我們從精神分析的技藝來看，兩者之間除了概念的流通外，在修行和分析技藝之間，有著什麼可以相互比對和思索，而能豐富我們對於精神分析技藝的經驗嗎？我個人也是很好奇，雖然目前只能先提出這些想法。

17.佛法有無量法門，任何一個「法門」都叫作「波羅蜜」，其中最重要的爲「六波羅蜜」，也叫作「六度」，分別是布施、持戒、忍辱、精進、禪定、智慧。智慧又叫作「般若」，是六度之中最重要的，如果沒有般若的指導，之前的五種波羅蜜只是「世間善法」，不是「究竟的佛法」。那麼精神分析是否有著什麼，是最後的依歸，是最終的指導呢？

18.也許不少精神分析者會覺得，對於「指導」這語彙是不太會被使用的，因爲精神分析不是以指導爲目的，不過這裡的指導，也許是類似於佛洛伊德提的，態度上分析師要節制欲望，或者以自由聯想做爲重要的指導？至於潛意識世界的眞正指導原則，是享樂原則，因此這種指導在語義上是更接近，某種意識或潛意識的運作原則。

20.其實在佛教的「六度」裡布施、持戒、忍辱、精進、禪定、智慧，每項都不是容易做到的事。何以需要開出這些很難做得到的方案，做爲修行的重要法門呢？這讓我好奇如果我們期待著，如比昂所說的O的那種最終的眞實，是有些和這裡所說的智慧是接近的？那麼精神分析的技藝本身，是可以達成比昂所提出的方案嗎？

21.隨著工作年資的增加，對於比昂當年在晚期提出「未知」的說法，雖然愈做相關工作更確實覺得，比昂的說法是有道理的，人性是深似海，而且我們對於從後來推論，嬰孩發展早年的心智時，也仍是充滿著很多的可能性，雖有著一些理論了，但也總覺得這些理論不可能是全部人性的語彙和概念，很難這麼相信。

22.對精神分析來說，夢的解析帶來的，的確是文明的重大貢獻，提供了新的向度，來和夢發展一種不同於以前的關係。不過起初是，從夢的分析裡得到潛意識可能如何運作的假設，而運用來觀察和想像歇斯底里症狀形成的方式，比昂也認爲夢是重要的主題，這是從分析夢可以「了解自己」的說法而來。

23.不過如我前述的說法，如果從另一角度來說，如果不是如此野心的以爲，我們已經找到了理解夢的關鍵鎖匙了，也許從現在來看，這個想法有著精神分析初創時的野心和理想，的確帶來了重大的影響，甚至也可能深深影響著，喬伊斯書寫這本守靈記的重要指導原則，以文學方式來運用，精神分析對於夢的探究的成果，如同其他人嘗試的「意識流」寫法。

24.芬尼根的繼承人酒店老闆伊厄威克的夢，構成全書的主要內容，小說從傍晚開始，斷斷續續地表現伊厄威爾的夢境，喬伊斯企圖通過他的夢，來概括人類全部歷史。這是一部融合神話、民謠與寫實情節的小說，喬伊斯在書中大玩語言、文字遊戲，常常使用不同國家語言，或將字辭解構重組，他用了17年的光陰寫《芬尼根的守靈夜》。

25.有趣的是，《芬尼根的守靈夜》的結尾，居然結束在一個定冠詞the上：「A way a lone a last a loved a long the」，這個結尾與小說的開頭「river run，past Eve and Adam」連成了一句，構成了小說的循環，用以表示「生生不息」的輪迴。1921年7月10日喬伊斯致朋友Harriet Weaver信裡說《尤利西斯》末章「沒有開頭、中間或結尾」，成爲《芬尼根的守靈夜》一書的先河。

26.喬伊斯指出《尤利西斯》是「白天的書」，《芬尼根的守靈夜》則是「夜晚的書」，意思是更加的不明晰。他採用了一種世界語言史上絕無僅有的「夢語」（dream language），藉著通過語言創造出一個不同於現實的世界。不過夢通常被記得的是遠比這本小說短些，也許這使得前述有人覺得，讀這小說有著浪費時間的惡感。

27.不過我相信，也有人對於探索和挖掘小說裡的複雜意象，找到它們的源頭時，也會是某種成就感的樂趣。使得這本小說就算在這些複雜情緒下，仍有著它的特殊地位，只是也不知是否也有不少人，對於精神分析的書寫，可能有著如同對這本《守靈夜》般的複雜感受？我覺得這倒也不無可能呢。

28.對於未知的說法，也許在初學時，強調這種情況可能讓初學者覺得不知所措的難題，但是這卻是實情之一，因此如何讓在累積對心智和人性的知識時，同時也有著其實實情仍是未知，那麼如何看待已知的知識呢？如何運用已知的知識時，同時保有未知的可能性呢？而這種同時並重的方式，也許就會化身成一般所說的「態度」。

29.也許從佛教的語言來說，這些已知的知識所能發揮的功用，如同我們的日常要過下去，總得有日常的語言做爲方向和溝通方式，而這可能叫做「方便法門」，依著佛法的說法它僅是一時的方便而使用的方法，雖然這裡所說的「一時」，對佛教來說，是可好幾個前世和後世，而對我們來說可能是指一輩子的意思。

30.方便法門仍是法門，不是不重要而是有著一時方便，是個過程裡的一口水，在身體缺水時仍是重要的，甚至是救命的。只是假設仍有著另種法門，能夠讓人生可以達到更「究竟的境地」。我們的日常裡用語「法門」、「方便」和「究竟」，都有著佛教的特殊意涵了，不再是一般的語言。我也假設，可能有著更多其它日常語彙也是如此，只是我們不自知。

31.「梵文原文為Prajñā，『般若』就是智慧，它有三種內容：一是實相般若：實相卽無相，是超越語言文字，超越一切現象，但是又不離一切現象。一切現象經常在變化，而實相雖然沒有一定的定相，但它是如如不動的。」這些都是很豐富內涵的語詞，其實每個詞都需要再說明，不過目前就先提出來。

32.「實相般若」這種智慧，可能最接近比昂所說的O的意涵，意味著「最終的眞實」，也就是這裡所說的「實相的智慧」。也就是站在現象的基礎上，但又不受現象侷限，而能有著看淸實相的意義，也許接近一般所說的「認淸了自己」，只是一般所說的「自己」是什麼？可能每個人都有著自己的定義，而有些定義可能是自己的原我或超我，那麼可能就和這裡所說的有「實相」有距離了。

33.要體會「實相」沒有一定的「定相」，但它是「如如不動」的，這是什麼意思呢？「實相沒有定相」，一如世事多變化，人心也是如此吧。但何以要說實相是如如不動呢？也許意味著如此一般的不動，不過「如如不動」有著不論世事如何變化，人心如何變化，都是保持著能夠一致，或者不受影響般的不動。不過佛教所說的「不動」，可能並非是指硬梆梆的死寂和僵化。

34.也許這裡的體會「實相」和「如如不動」的意涵，如果以dynamic動力式的變動，來說精神分析的動力式，是依著不自覺的潛意識的規則而變動，至於「如如不動」也許指的是清清楚楚的體會下的動和不動，或者說當我們說，一個人可以保持著「分析的態度」或「中立的態度」時，意味著他是有著某種「如如不動」的成分，而讓他可以不受個案太大影響而隨波動。

35.「般若」就是智慧，它有三種內容：二是「觀照般若」：觀照則是用佛法的觀點，來觀察我們的生活環境及身心世界。只要深刻觀察我們的身心世界，就可以發現它是變化不已的，所以是無常的；因為一切現象變化無常，所以沒有一個眞實的我，也就是「無我」；再進一步觀察，既然無我，所以是空的，而能「體證」到這個空的就是「觀照般若」。

36.「觀照般苦」是第二種智慧，也許意味著某種層次的次第說明，先要有個最究竟的實相般若做最基礎，也是最核心卻是未來式才能達到的境界，而「觀照般若」是有著如同精神分析談的自我觀察自己的能力，也就是有著某種脫離自身，而反過來觀看自己在做什麼的能力。不過這裡所說的觀照般，若是指這，也是種智慧或能力。

37.或者這裡所說的觀照，既然是種智慧，是指這不是一般的觀察自己而已，而是具有著實相般若做爲基礎的觀照自身的能力。但是實相般若並不是很快就能達到的境界，因此這種觀照也是動態變化，但不隨著外緣因素或內在心理的影響，而能如如不動似乎也是觀照過程裡的一部分內容，意味著我們談論的觀察或觀照，也是有著層次次第的，

38.「般若」就是智慧，它有三種內容：三是「文字般若」：所有用來說明苦、空、無常、無我等道理的一切經典及種種文字，例如《金剛經》、《心經》，都叫作文字般若。我們在這個世界生生死死，永遠沉淪在苦難之中，唯有藉著語言文字，才能知道苦是什麼、難又從那兒來？才會明白是因爲有個自我的執著，受到自我假相的困擾，才會產生種種煩惱。因此藉由文字般若，能讓我們產生智慧，幫助我們離開煩惱。

39.也許這和精神分析的理論文字有些相近，只是佛洛伊德談自己的理論文字，覺得只是後設的猜測。雖然這個說法對於後來的追隨者，有著不同的認同，但是也常見對於自己理論創見的堅持，而引來不同學派之間的爭議。如同佛洛伊德當初跟榮格，也有類似的現象，因此要如何做得到，文字想法是有功能但只是手指指向的路標。

40.文字理論如果被當作指路標的比喻，意味著如同以手指著月亮，而手不是月亮，文字也不是最後的境界，只是也需要文字，如同精神分析需要語言，但是語言只是如手指，但是精神分析強調的，分析的態度會讓大家覺得，這是不會指向月亮這個特定的方向，而是指向潛意識，或者比昂的意圖是指向O。

41.至於苦、空、無常、無我，關於苦（pain），以及和它相關的失落和抑鬱是佛洛伊德少提到的主題。比昂則是主張苦和受苦（sufferring）是重要心理課題，而空、無常、無我，則是佛教常提到的語彙。空和無常相互說明的語彙，而無我也許和比昂後來提出的，無憶無欲（no memory, no desire）是可以相互激發的想法。

42.就是假設著，有這些我們可能不自知的日常用語，深刻地影響著我們對於佛法和精神分析術語的理解。但無法憑空想像，因此需要有某些型式的活動，來讓這些情況呈現出來，並讓我們自己可以有著後續的了解和體會。我們早就依著那些語彙的組合，在幫助我們理解精神分析，以及臨床過程裡所經驗到的一些細節。

43.《芬尼根的守靈夜》還夾雜有1000首左右的歌曲，大多取自歌劇、流行歌曲、民歌。整本書就好像文字迷宮一般，喬伊斯在小說中大量創造新詞，達到視覺與聽覺的效果，例如用mushymushy、stuffstuff模擬做愛的聲音，用peek、peepette、trickle、triss模擬小便的聲音，這些文字常融合了法語、德語、義大利語、古希臘語、古羅馬語等六十多國語言與方言，有時一個單字中，一半是法文，一半是德文。

44.喬伊斯還刻意打亂拼字規則，重新安排詞序和句法，形成各式各樣的雙關語，第一章第三章在地球（global）這個單字中，在gl-與-obal之間插入了8行的評論，這是全世界任何權威字典都查不到的單字，這樣的單字量約有三萬字，至今破譯的字數還不到一半，即使是號稱破譯的單字，也未必就眞窮究了喬伊斯當年的眞實原意。

45.書中有些文字甚至是錯字，原因是當年打字人員因看不懂字跡潦草，又不知所謂的原稿而發生的誤植，而喬伊斯在校稿時竟未予以更正。1933年擔任手稿列印工作的弗蘭絲拉菲爾夫人，因無法辨識喬伊斯的筆跡，造成不少錯誤，其中一些錯誤被保留下來，印象中佛洛伊德曾以書中文字的遺漏，來描述人的記憶的現象。

46.也許這反映著喬伊斯對於夢和精神分析的想像方向，因而以他想像和經驗的方式，做爲書寫這本守靈記的靈感起源。但是我也想著，精神分析在全世界的沒落，除了生物精神醫學的進展外，是否也呈現著這些想像，在當初是很有刺激想法和創意的基礎，但是否它存在久了後，如果以喬伊斯這種想像，是否精神分析的沒落，也在於這種想像和實踐後，帶來的疲乏感？

47.因此有著這個《以文會友》，以這些「未知」的文本當作素材，也做爲我們觀察自己，在面對這些未知的文本時，我們會如何處理消化？並且在這個過程裡，仍可以

有所創意的產出，一些消化後的文字做爲某種方式，來體會和了解我們自己在這過程裡的經驗。我甚至相信，這過程的體會和經驗是更寶貴的內容，而副作用是另一些文字的生產。

48.精神分析談論「態度」時，是有「分析的態度」和「中立的態度」這兩個常用詞，但是它們的內容是什麼？如何做得到仍有著不少的爭論。相對於對於「詮釋」的技術，對於「態度」的課題，似乎更傾向是假設是很困難言說，而大致是期待在治療者個人有著被分析的經驗來獲得。也許不見得所有人會同意我這說法，但不可否認談論態度不是容易的事。

49.因爲如果談論分析的態度或中立的態度時，就可以只有兩個答案有沒有做到，但是當被說沒有做到的人，大概也很難眞的完全清楚，對方這麼判斷時到底所依據的是什麼？就算是有些說法，但是大致會是很難完全同意的，因爲對態度的評論，常就是意味著你所做的不是精神分析喔，因爲連基本的態度都是不對的

50.至於如果是詮釋的說法或時間問題，它們的被批評

大致都還有著迴旋的空間，不會一下子就動搖到自己所做的，是否屬於精神分析或精神分析取向的治療？因爲要說明好那些態度是什麼眞的很難，也許就是如同比昂所說的那些關於O的概念吧。也許接下來可以來連連看，看是否能夠連結出什麼有趣，且多多少少可以試著說明「態度這件事。

51.「應云何住？云何降伏其心？」「菩薩於法，應無所住，行於布施。」意思是：我們的心都有煩惱、執著，請問世尊，究竟有什麼辦法能夠降伏這個有住的心，使它不會隨時受環境影響而起煩惱呢？後面那句是釋迦牟尼佛回答他：菩薩在行布施、做好事的時候，不能起執著，如此便能降伏煩惱心，就可以達到「心無所住」的目的。

52.要能「心無所住」，依這段的說法是有它的方法的，包括「布施」就是做善事，把自己的能力貢獻給他人，但也說在做這些幫忙他人的事時，不能心中一直懷著自己在做善事的想法，會因此而執著於自己的功蹟，就無法降伏自己內在的煩惱，有著在做裡頭讓自己可以不執著，然後就不會亂起煩惱心，那麼心就能心無所住。

53.煩惱和執著，都是我們和外在的人或衆生、環境接觸以後才產生的，想要不起煩惱，就不能把人和人之間的關係，當成眞實不變的；但若僅止於此，認爲反正人與人之間的互動都是假的、不實在的、無常的，就不和外界環境有任何接觸，這會變得很消極，這樣也不對，這不是眞正的菩薩行者。

54.如前所說，當一般在評論某人的案例報告時，如果指稱對方的分析的態度或中立的態度有問題時，常是有著全盤推翻他的工作的感覺。但是如此具有重要位置的說法和語詞，何以卻是相對於詮釋的技藝是顯得如此少論述呢？結果卻是讓資深者在這種難言的情況下，具有最終評判的權力。

55.不過我也覺得分析的態度和中立的態度，不是那麼容易說法，或者這兩種態度並不足說明，治療者在面對個案時的整體態度。例如，我是覺得在處理困難個案的過程，治療者的幽默感，也就是「幽默的態度」是重要的指標之一。如佛洛伊德在《論幽默》這篇短文裡所指出，這並不是說笑話，說笑話是自我對於攻擊的反應，但幽默是很具有「親職功能」的角色。

56.也就是分析的態度和中立的態度，有著難以言說清楚的本質，也許對於精神分析來說，如果要談論態度時，就會涉及到了這種不是以言說爲主的領域了，容易變成有種「身教」的意味，這是人和人之間相互學習裡必然會有的成分，而且通常也不會加以詮釋來拆穿它，但是這種態度的議題就是存在著。

57.「態度」涉及「身教」的課題，可能因此而讓精神分析者強調，不是要以身作則的行動來教他人，因爲態度就有著行動出來的某種什麼的意涵。但是行動常被導向和「行動化」之間的距離被拉得太近，而使得必然有的「行動」到古典的「行動化」之間變得淺薄了，缺乏了縱深來思索，行動在任何關係，尤其是分析治療關係裡的多重意涵。

58.例如在溫尼科特的「非行行爲是種希望的象徵」，這是在行爲和行動上看出了其它的端倪，只是精神分析在理想的期待下，涉及分析的態度和中立的態度可能有問題時，就會牽扯到治療者所涉及的反移情課題。雖然反移情的存在，不像起初那般被當作是對治療的妨礙，而是反移情裡可能有著了解個案的內在基礎。

59.只是宣稱反移情裡，有著了解個案的內在世界的基礎時，讓反移情變得是有生機的內涵，不再只是分析治療的拘拌。不過這也只是強調，可以透過反移情來了解和體會，個案那些未說或說不出來的經驗。但是這些整體上都會展現成某種態度，呈現在治療者身上，也一定會透過自己表達出來，這並不是只以反移情有著功能，就避過「態度」裡的「身教」效應。

60.至於「應無所住」，這個很高境界的期待，在精神分析裡有它的位置，做爲思索的起點？或者做爲最終的境界，來讓我們思索這概念和臨床實作之間的關係？其實佛洛伊德提出的，分析師如同鏡子般，也是一種需要有高境界，才做得到的如實地回應，對方內在世界裡的情境。也許有人也說鏡映（mirroring），其實這都不是容易的事。

61.「諸菩薩摩訶薩應如是生清淨心；不應住色生心，不應住聲、香、味、觸、法生心。應無所住，而生其心。」意思是：有大功德的菩薩們，應該要有智慧心、清淨心，做了布施功德之後，心裡不要想到有色、聲、香、味、觸、法的六塵；如能不執著，便能生智慧心，也就是無住的心。

62.由這些說明裡可以看出，對聖嚴法師來說，不執著是重要的法門。意味著就算做了大善事，幫了他人的忙，但也不要一直掛在心上，覺得自己在幫忙他人的心，這樣就仍是執著，就算是行善，在佛語裡也有「不思善、不思惡」，不是不做善事或是可做惡事，而是不論那一種都是要放掉，不執著。不過由於在日常用語來出現，加上不易做到，而常使人覺得只是逞口舌。

63.也許因爲「不執著」這語詞太日常化了，使得容易變得教條化或道德化，而變成某種難題，或者明明未做到卻是大言不慚，使得這常用語讓人有著相反的感受，或者覺得這太宗教的語言，不宜放進精神分析的思考裡頭。只是我也相信，就算如此，也許不少人可能仍是以這些語詞，來理解精神分析的「自由」。

64.什麼叫作「六塵」，那就是色、聲、香、味、觸、法。「色」，是經由眼睛所見到的現象，包括顏色和形象；耳朵聽到是「聲」音；鼻子嗅到的是「香」，這包括香味和臭味，如同英文的smell一樣，因爲無法用一

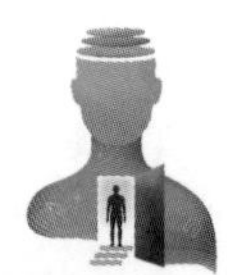

個單獨的中文字表達，所以翻譯爲「香」；舌頭嚐到的是「味」；身體四肢所接觸到的物質或氣溫是「觸」；「法」則是我們的思想、語言、文字、符號和記憶，這些都稱作「法」。

65.這「六塵」也是我們在診療室裡，和個案會談時所呈現的內容，是我們觀察的重點，或是常說的非語言的訊息，「當我們的六根接觸外境時便會產生種種反應，面對這些反應，心中不受影響，不留下任何痕跡，這就是「無住」。」但是要「無住」，這樣是否變得「空洞化」了，兩者之間有什麼差別嗎？

66.洞山良价禪師曾經形容他的心境，如空中的鳥跡，飛鳥經過空中以後，並不會留下足印，或是任何的影跡，就像這位禪師的心，接觸到任何事物之後，什麼東西也不留下，還是保持著像虛空那樣的坦蕩、明白。要做到這種程度是很難的，而這就是《金剛經》所說的無住，這不是說失去記憶，而是心無所執著。

67.因此如果要說明比昂的「無憶、無欲」，也許這說法會更加貼切，「而這就是《金剛經》所說的無住，這不是說失去記憶，而是心無所執著。」「因此，如果心如虛空，任何事情經過以後，心裡不留痕跡，心中不罣礙，沒有煩惱，就是「無住」。」但是何以「無住」就好了，何以要再「生心」呢？

68.至於「生心」，怎麼生法呢？曾經有人告訴我，說他修行工夫很好，心已經非常清淨，我問他是如何清淨法？他說：「我打坐的時候，聽不到聲音，也看不到東西，什麼也不知道，所以我的心非常清淨，很自由，很自在。」自由自在，也許「自在」這語詞仍有它的重要性，也就是在那裡呢？如溫尼科特所談論的being？

69.聖嚴法師又問他：「木頭、石頭、樹木、花草，它們看不到、聽不到，是不是也很清淨呢？」他想一想之後回答我說：「不對啊！我是人，不是礦物、植物。」這一類的人，自以爲入定了，所以心很清淨。其實這種定，在禪宗裡稱爲「冷水泡石頭」，即使泡得時間再久，石頭還是石頭。

70.那麼如鏡子般照映個案的內在世界，如果要認眞地談這個意象，就涉及了如何在我們是有著欲望存在的情

況，可以不受這些欲望的影響，而能夠真的認識眼前個案的內在世界呢？其實佛洛伊德有一個比較可行且實際的說法，那是分析者要「節制自己的欲望」，尤其是「節制自己想要個案好的欲望」。

71.佛洛伊德的兩種想法是並存的，一是分析者如同鏡子般，來照映個案的內在世界，讓個案可以看見自己的樣子；另一是平實的期待分析者，要節制欲望，以節制欲望來說，是比較明確且可行的建議。至於要做到如明亮平滑的鏡子般，是指做到什麼狀態才是要如何訓練？才有可能會達到這種狀態，或說是境界呢？

72.雖然困難如鏡子，不過我並無意就宣稱，佛洛伊德提出的是任何人都很難或無法做到的規訓，是否做不到就算不上分析師嗎？但至今是否真有人可以做到如鏡子般，而做出鏡映著個案的內在心思呢？這是很理想的境界，也許我們可以做得到部分成果，不過如何想像佛洛伊德提出來的，這個如此具象的意見呢？

73.其實佛洛伊德提出的分析師如鏡子般的狀態，仍是潛在地影響著我們，對於自己的技藝的評判標準，雖然這和分析的態度或中立的態度之間，如何相互比對呢？畢竟都是被當作是重要的事項，我們是否有認眞的把這些不同的說法，放在一起比對，如何做得到？它們之間是否有矛盾，或者只是平行的事項呢？

74.禪宗強調智慧，《金剛經》講的便是般若智慧，所以「無住」並不等於是無知無覺，而是不執著、無罣礙、自由自在。無住的心不但能夠照常運作，而且它的功能和反應遠比一般心中有執著、有煩惱的人，還要更淸楚、更活潑。

75.那麼，我們要如何才能達到這個目標呢？有兩種方式：第一是「頓悟」，像六祖惠能大師一樣，聽到《金剛經》「應無所住，而生其心」這兩句話，馬上言下大悟；第二是從鍊心開始，修習「觀」的方法，凡是修「觀」的方法，都屬於「觀照般若」的一種。

76.也涉及了如鏡子般的狀態，如何訓練呢？是否就只靠著目前傳承下來的分析模式，就能夠讓人有可能達到這種狀態？或者大部分的分析師嗎，早就知那很困難，而放棄了如鏡子般的比喻了？但是後來出現的鏡映的技巧裡，

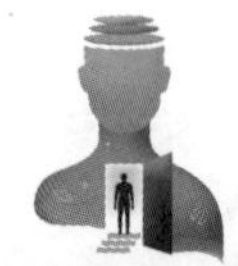

有著期待可以如實地反應出，個案的內在心思嗎？那就涉及了所謂「如實」地反映或反應時是指什麼呢？

77.是否喬伊斯在書寫《守靈記》裡，刻意的書寫手法有著假設，是要如實地反映著什麼的想像，《芬尼根的守靈夜》另一特點是時常離題，故事中夾雜著不相關的故事，甚至穿插廣告，例如穿插了一個減肥廣告，以及一件1927年的美國案件，當時的媒體稱爲之「老爹與辣妹」，紐約法庭上，15歲的法蘭西絲·貝拉控告52歲的百萬富翁愛德華·韋斯特·白朗寧婚後性變態。最後丈夫愛德華勝訴。

78.也許有著對於自由聯想的想像，喬伊斯離題使得整本書的劇情趨於混亂，沒有前後一致的完整情節。此書發表後，讚賞的人比《尤利西斯》更少，當時正值二戰方酣，少有人能花費大量時間閱讀此書。有評論認爲，《芬尼根守靈記》令人難以卒讀，甚至令人生厭這是意識流小說的登峰之作，也是意識流走向衰落的標誌。精神分析仍留著，也許反映著精神分析還有其它的？

79.如實反映或反應的說法裡，什麼才是「如實」呢？誰知道某時刻所表達的，就是那時的所有眞實呢？或者如實反應也並未強求要所有眞實，而是只要針對某項可以被觀察到的指標即可。不過我相信這個命題會有很多不同的答案，因爲所謂全部的心理眞實是指什麼呢？我們可以條列多少它的內容，並讓我們來評估是否有做到了？

80.把幾個並列，再來想想它們之間的可能關係「應無所住」，如鏡子般、分析的態度、中立的態度，或許可以說這都是隨時需要的，而不只依著某些情境而需要的態度。但是它們的內容是不太一樣的，例如中立的態度，安娜佛洛伊德曾說過，是處在自我、超我和原我之間的某個平衡點上，其實這也是很難的，如何在變化萬千裡做得到？

81.分析的態度，就了解上是比較抽象的說法，在不同的學派和不同人之間的說法，可能都是顯得抽象。也就會包括能夠忍耐，能夠等待，不是以批判的方式等，多重概念的排列組合。我相信不同人之間對不同的參數，也可能有著不同的加權比例的著重，某些參數可能被某些人當作是很重要，但也很基本的對分析師的要求？

82.至於「應無所住」，這個來自佛教的語彙，是否在這些態度和如鏡子般的比喻裡，能夠派得上用場嗎？所以需要先來了解「應無所住」是什麼意思？尤其是何以是應無所住才「生其心」這是生了什麼「心」呢？所以只要著重「應無所住」即可，而是其實後頭的「生其心」才是更重要的，這裡所說的生心的心，和精神分析所談的心智，有什麼關係嗎？

83.《金剛經》的目的就是，要我們發無上菩提心，成無上菩提果，如何發？如何成？必得先將心降伏；如何降伏？必須心無所住。「心無所住」，住的意思是執著，心裡有罣礙、很在乎，如果心頭不牽不掛，就叫「不住」。例如，有人稱讚你很聰明、很能幹，或者說：「你眞有善根，會到農禪寺來聽經聞法，眞是不容易！」你聽了以後，若是心裡覺得很高興，這就是「心有所住」。

84.有所住就是執著，而如果能夠不執著時，意味著就能夠不會拘泥停駐在某些想法上，而能夠自由的飄浮的注意力，或者不執著時的無所住，就能讓治療者保持著，不會拘泥於自我超我或原我，那麼就能夠有中立的態度了嗎？但是要從不執著做爲訓練的方向，還是要以保持在不同我之間的平衡，做爲訓練方向？

85.但是也有可能能夠保持在，不同我之間的平衡時，仍可能會執著其它的嗎？這涉及如果要談論中立時，會著重那些參數呢？例如，除了自我、原我和超我做爲參數外，是否有什麼組合也被列進來，做爲說明中立的態度的基準點？若如此的話，意味著它是需要有更多排列組合地做到中立，不過試想一下，如果有三組以上的參數，那如何做得到呢？

86.試想如果有三組以上的參，數做爲中立的態度的參考，意味著治療者得在三組裡，如果各有三個參數，那麼治療者需要在各組的三個參數裡取得中間點？但如果要三組一起來找到，處於中間點的可能性會有多麼困難呢？所以雖然很常見談論中立的態度，但到底細節如何，其實比想像中的複雜。

87.因此是否「不執著」做爲標的時，是可以更容易來達成呢？儘管對什麼要「不執著」，可能仍有著千百種生活裡的參數，但它是明確的以「不要」就可以有個清楚的目標，雖然細想時是否眞的能做到「不要什麼」，來顯示自己的「不執著」，乍看是容易些，目標是明確些，不過我們再來看看「無所住」，來談「執著」時會有那些還要

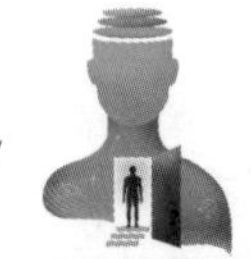

細想的？

蔡榮裕

精神科專科醫師

前松德院區精神科專科主治醫師

臺灣精神分析學會名譽理事長

臺灣醫療人類學學會會員

臺灣精神分析取向心理治療研究會召集人

高雄醫學大學阿米巴詩社社員

松德院區《思想起心理治療中心》心理治療資深督導

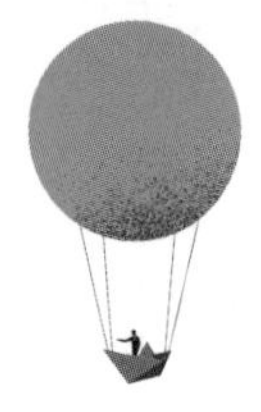

試以Bion理解精神病的方式探索喬伊斯的新語症

與談人：蔡昇諭

回應蔡榮裕〈心處用處：應無所住，當O開始在人世因緣裡隨緣處處用心〉

我想從Bion 1970收錄在他的一書*Attention and Interpretation*第二章*Medicine as a Model*所談的，理解何謂suffering來回應蔡醫師的起頭，在精神分析這個學門出現之前，醫師以既有感官例如視覺，觸覺，嗅覺來辨識和標定病人的症候，而當焦慮可以被病人表達時，Bion認為是intuit作爲這個無法觸及的焦慮的接收感官在運作。

而在精神分析之前的焦慮呢？「應云何往？云何降伏其心？」這是佛教問的問題，而佛教的六度中會存在著這樣反覆訴說的場域嗎？或許人始終存在著念頭反覆出現，而過去與放下這類建議話語也好像在我們身旁不斷聽見。

身爲某一類心理工作者，總是很容易聽到「哇，你（妳）們要接收很多負面的東西，一定很辛苦，像是垃圾桶，每天接收垃圾」，我推想，難不成我們都有一個可以有將廚餘變肥料，資源回收轉黃金的心智機制暗自

運作著。我們以爲以這層黑盒子裡的裝置試圖wastch（watch+ wash）《芬尼根守靈》及《金剛經》此等實驗。這可以呼應到Bion轉化當中的想法，治療師的反移情從映照患者狀態的功能走向自己也能產生體悟和洞察。

開個喬伊斯式玩笑，蔡醫師將精神分析的自由聯想與佛教的解脫相互參照，free在這兩者情境一個是形容詞，一個是動詞，如洞山良价禪師心中飛鳥的路徑，我感覺都有從A到B的移動狀態，而A是不自由狀態嗎，A：無法自由聯想的狀態或解脫前的痛苦或輪迴狀態，B：到彼岸，精神分析的本質是否追求超越生死？我的下聯是自由聯想關乎自由靈魂是要走到那裡，所對應到的動詞是freeze，肌肉放鬆前的緊繃狀態。

另一個我看到的趣味是，蔡醫師把未消化的文字在會友過程後的經驗，當成是一個與未知相遇的機會，我們更懂了，所以被吸收在身體或腦袋某個位置，而副作用若是接下來每個人的文字生產，那說不定就是不得不排洩的貝塔重金屬。

看芬尼根喝海尼根，一章、一頁、一段、一句，懂多少之前，先問，記得什麼？

如同與處在混亂精神病狀態的個案談完，如何重塑，如何回憶，所憶所記莫不沾染著聆聽者的截取，判斷和重組，而當中模糊的氛圍通往的是言說方的內在，往往更導向聆聽者的原始情感。

現今精神醫學的大腦影像學來判讀，某一個人的psychosis和治療效果，若回到眞實的互動關係，還能以什麼方式理解呢？瘋狂於個人和社會價值之間會不會有所衝突，若談到精神病部分，意味仍有非精神病部分在支撐，與外界聯繫互通，psychotic是否爲心中的一塊最軟最難以看穿的蛋黃區，與non-psychotic的之間有無相連，還是斷裂到彼此完全不認識？

這個精神病部分被Bion大幅度地報導爲不只是破壞性，也可以轉化爲相當建設性的。現實中，我所感受到的這個部分往往是一去不復返的剩餘產物，或許在某些治療片刻，可以於移情降臨時被觸發，但並不長久，最好也不要長久。

如果是初發病的精神病，遊走在現實和虛幻間，情感連續還找得回和莫名尋不回間，思考成形和僵固間，這當中關於人究竟爲何？終極的O能在此刻被談論嗎？還是有暫存片刻的O能夠冀盼呢？

某一個叨叨不已的psycho無法在體制內被馴服，飛離杜鵑窩後又被無數的闖禍行爲搞到衆叛親離，繼續無止盡的闖禍，法院，醫院，Bion談到精神分裂症患者已經被這

種永遠沒法解決的衝突吸引住了，一邊是破壞性和另一邊是施虐持續衝突著。（註三）

多年拉扯在他的破壞和施虐中某一日意外中，作爲這些無可理解的死亡本能大本營另一個血親出現，以被虐，極度焦慮顯現，他們共享著不斷問話的行爲表現。

喬伊斯是忠實反應psychotic part的作者，不用寫逐字稿不用錄音，只要傾聽腦中最深層的音響咚滋咚滋的饒舌就很有那麼的意思，囈語不斷不絕於耳。不過應該沒那麼簡單，此外，貝多芬晚年失聰既是生理上的詛咒，又或是聆聽內在各式難搞、荒謬雜音的零度環境下，而進一步轉化的樂音呢？

如果我們從他的少年都柏林人文本出發，已是意蘊深遠的古典浪漫派的和諧和弦，還有個像在玩遊戲的象徵般形容，在邂逅（An Encounter）這篇短篇中作者將Father Butler開玩笑地比擬（as）Bunsen Burner一種德國化學家所發明的煤氣燈，已有造字的傾向可循。慢慢地穿過年輕藝術家的畫像，之後過著尤里西斯的那逃不出永遠的24小時，最後來到嘈切喧鬧的守靈夜，不好好死一死，是因死不瞑目，或陰魂不散來說夢。

人類文明走到盡頭，只爲再走回原始洞穴中踩過骨骸，看吸著骨髓的祖先畫作？踩上巨人惡作劇的腳印，或是想如鮭魚逆思想之流而上，那些充滿泡泡的上游有原始土壤各種眞菌，細菌讓自己被重複被傳染……

該小說男主角HCE，如同Humpty Dumpty跌了一跤，The fall雖只是一個倒下，有各式各樣的背景音，一個昏厥的片刻被拉長爲，無止境在各個人生過往下墜的時刻，溫尼考特在Fear of Breakdown中論及，unthinkable state其中之一爲失去支撐的無重力感。

她說「一旦睡著，就會一直掉下去，有夠恐怖的，很黑暗的」，我想：睡著不就是在黑夜中嗎？很暗的黑夜是有多黑……還是做的夢也是黑而且有洞，掉進去就回不來了……

奇異客體（bizarre objects）是破碎的，看不見完整的人格殘瓦拼湊著，一位思覺失調症的患者當他逐漸復原的過程談到，「我有數個人格，一個毫無元氣只能望著天空躺在房間的床上，一個肩膀上有畫眉鳴叫，一個……，現在的我回到原本的人格，代替那個無力的人格」，破碎在於很難有一完整的輪廓，所以難以辨識其個體面貌，破碎也在於人格殘瓦拼湊下餘燼已灰飛中的空隙，難以塡充，故少有生氣。

此奇異客體所存在感官特異知覺也顯得鮮明，視覺是目不轉睛的看、盯著、連眨眼都省去，兇神惡煞的眼神，

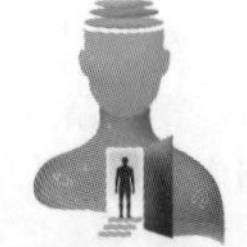

或是如現代高解析鏡頭無所遁逃的穿透，我懷疑若個案感到此客體閉上眼不再注視，那會是何等倉皇空白的局面。

喬伊斯將這些精神病所無法容納的粉塵顆粒拿來提煉新的咖啡包，各式感官元素組合不同的新奇刺激。又或將這些最難坦率的斷言藏病如博物學家，蒐藏在這本芬尼根詞彙學中，製造一層又一層的迷宮，讓人不易進入，而一旦進入卻難以離開。

蔡醫師於第31、32段談到智慧第一層的實相般若，沒有定向，但同時是如如不動的，這最接近Bion所說關於O最終的眞實，我以爲Bion談的不變性也像是如如不動的。例如：2019巴黎聖母院的大火，它所導致的尖頂坍塌，數百年中後部的木質屋頂被燒毀，運氣尤佳的十二門徒雕像在數日前已被移走進行修復，尖頂上的公雞聖物在火場自高處掉落也僅輕微損傷。

如同人經歷某些巨變雖已體無完膚，但仍能辨識出某些不變的骨架，轉化所必須包含的不變性或元素，提供了個案在治療中一個能不斷感受，追溯和想像的原料，這個不變性可以是一個被照顧的經驗，雖未臻完善；可以是某種客體的追尋；可以是不斷重覆打斷又接上的故事；又或治療的不可變動的框架，意外地使人燒傷後得以重新在原地癒合。我們可以從創傷中找到神話，然後回到人間再重蓋一間廟宇教堂。

而相對之下，精神病狀態崩潰前的熊熊烈火，巨量的強震已讓心智樑柱傾塌斷裂，又如何在症狀中感受呢？又如何能建立有限卻不變的移情前進呢？

回到最原初的不可知的狀態O，指的是眞我嗎？蔡醫師在何謂做自己已經有很多面相的論述，眞我若沒有過往假我做爲暫時性保護的階段，能夠靠近嗎？假我若已經層層包裹密不透風，治療鑿穿的過程是逼近眞我，還是連帶連保護層都破壞殆盡呢？（邊緣性似乎有一種傾向，我很難分辨這是社會氛圍，還是個案的不自覺投射，總是引誘著治療去逼近某個特殊的核心。）

喬伊斯是文字的雜交學家，他有捕捉瘋狂的本事，運用俗民語言，諺語，成語，多國語，歌謠等，製造出新語（neologism），新造字（coinage），immarginable是imagine（想像）+margin（邊緣）相加後的感覺，動詞加名詞本身就是雜交，居然生出形容詞-able。eviperated是evaporate（蒸發）＋viper（毒蛇）的瘴癘之氣狀態（接下來健力士啤酒讓你出埃及），喬伊斯吹了很多泡泡，硬式軟式看你想戴那一種。

這爲難了多少翻譯的眼兒鼻舌身，閱讀變成虐毒／掠堵，書寫眞的是在打字。西班牙女藝術家Dora Garcia於

2013在台北北美館運用影像和書店元素，展示《芬尼根守靈》的閱讀現場，已經成立超過三十年的蘇黎世喬伊斯讀書會，當中成員如何透過不斷的重讀，與這本晦澀難解的書締結無盡的分析關係。她述及「這樣的一本書產生一種特別類型的讀者……，一個非信仰組織，一個沒有任何層級階序的兄弟會。」（註四）

孟德爾的豌豆好不好吃並不清楚，但生出的定律肯定讓植物學家吃很久，他根據豌豆雜交試驗提出遺傳學最基本的分離定律：以此了解顯性性狀和隱性性狀背後遺傳因子的運作。

而此遺傳因子就現在所說的基因，每個特徵，功能，部位，莫不是來自配對的染色體的基因，是機率問題，也是必然的機率，父母各一半的無從選擇，無法抗拒。

尋找精神分析的語言，我試著先從hybrid做起，從Bion最熟悉的L／H，理論／個體，移情／無情，布施／行動（網格圖），忍辱／act out（嚎叫），未知／O的裡面還是外面。

兩兩已經很難link，3p又會製造什麼奇形變種，我意外發現網格圖中與夢想，夢放在一起的神話，可以與《芬尼根守靈》穿梭古今，縱橫虛實的神祇以及《金剛經》中的菩薩並列一起聯想，這些在我們的心中爲何，伊底帕斯在個案或治療者的心中被放在哪個黑盒子裡？在等待思想者的思想第五章（神話與網格圖）中（註三），作者Neville Symington將伊甸園神話，巴比倫神話，伊底帕斯神話解讀爲有一共通點是對知識追求的風險，這變成Bion建構的思考起源和進展期程的基礎。

以此將伊底帕斯在前後遇到sphinx和特瑞希阿斯作爲劃分，他第一次的答對使其以爲自己不可能有錯，他已用生命當賭注，難不成sphinx作爲黑暗勢力的後代，破壞力十足，在邊緣行走，搞個不是你死就是我活。而盲眼的特瑞希阿斯卻能看清眞相，伊底帕斯悲痛下刺瞎自己雙眼，以《金剛經》這段話「凡所見相，皆爲虛妄。若見諸相非相，則見如來。」看待變爲盲眼的伊底帕斯，他被先知放逐，但終究他也是知道的。

「Shize? I should shee! Macool, macool, orra whyi deed ye diie.>」（《墜生夢始記》第84頁）

當一個字有多重定義，眞是嗎的！多重宇宙，shize可以是分裂schizo，或是scheisse（德文shit），亦或是sighs、size第三或第四個意義。Livers（live+river）在文中是居住在河邊的人們，有醫學背景的人看到的則是肝臟不只一個的人。shee（she+see）是看見嗎？假以時日，除了原本的she（她）和see（看-或不-懂），又多了蝦皮廣告商的電棒捲（shee），擺在這個資訊暴炸，想查什麼都有的時代，這些字又更被不同時空下的定義所包圍著、旋轉，換化無數的新變種字毒。

但人非聖賢也非ChatGPT，分裂過多的宇宙最缺耐心，不論是排隊換護照，或閱讀芬尼根在二次大戰間死亡充斥和活著一樣需要耐心。Bion在人格的精神病狀態中所闡述，將粉碎的顆粒投射進入空間和外部客體，之後反過來被這些各樣的畸形的客體吞噬，如此無奈。

神話人物MacCool是愛爾蘭的英雄人物，他具備戰士、詩人，和巫師的能力，具有神奇拇指的他，在HCE死而復生時想到該英雄人物的殞落，會不會HCE復活也只是暫時性地將未竟事物清理打包，連英雄都會死，墜生的夢僅是殘夢，做完還是塵歸塵，土歸土。

另一個將神話收納在細細編織的網格圖的理由，毛球可以打過來又打過去，以此實事求是的科學精神，讓衆多研討會的溝通總算找到一些具有共識的參照點，從定義性假設（Definitory hypotheses）出發，我的理解是尋求一個治療關係裡彼此之間和之外都能流通的定義，所以不只是共同的語言，還得要有共同語言的內涵。例如：蕃茄汁是蕃茄壓碎自成汁，還是加水加色素更有料更營養的果汁。我以爲Bion想要說請給我一杯100%的蕃茄汁，我們才能談它對人體的價值，當然還能有芭樂汁，西瓜汁……

參考文獻

1.Bion 1970. Attention and Interpretation： A Scientific Approach to Insight in Psycho-analysis and Groups, P6.

2.《芬尼根守靈：墜生夢始記》，James Joyce原著，梁孫傑翻譯，書林出版有限公司。

3.《等待思想者的思想：後現代精神分析大師比昂》（Wilfred Bion），Neville Symington, Joan Symington原著，蘇曉波譯，心靈工坊。

4.Riverrun伏流書寫RIVERRUN，臺北市立美術館。

蔡昇諭

精神科專科醫師

臺灣精神分析學會會員

新竹臺大分院生醫醫院精神科主治醫師

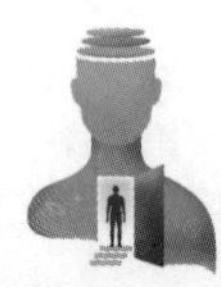

還至本處

與談人：陳婉容

回應蔡榮裕〈心處用處：應無所住，

當O開始在人世因緣裡隨緣處處用心〉

首先感謝蔡榮裕醫師邀請參與，2023年03月19日的【薩所羅蘭】精神分析的人間條件：文學、佛經與精神分析（以文會友）的活動，深感榮幸。有幸得以參與討論並分享對《金剛經》粗淺的人生經驗。

精神分析師溫尼科特說：「沒有嬰兒單獨存在這件事，有的是嬰兒跟母親。」並談及母親早年的抱持品質對嬰兒的影響，若母親的抱持維持夠久，嬰兒可以形成存有的連續感。縱使嬰兒在夠好的抱持環境下長大成人了，未來是不是仍有可能忘卻曾有的平穩安心，收放自如的能力，而惶惶不安於終日之中呢？總以爲外在三千大千世界如同花花世界般地繁華，何其吸引！而沒有專注在自身的世界上認識自己，易形成本末倒置的生活價值觀，好比現在數位網路世界的來臨，資訊快速衝擊，輕易地來到眼前，然而沒有經過思考咀嚼消化的資訊，若只是一味空虛地往外吸取攝入，好比《神隱少女》中無臉男一樣的境遇，最終都得傾吐出來。

只是空虛地往外抓取，才會致使人越來越往顚倒邊緣，身心不定。《金剛經》「如是我聞，一時。佛在舍衛國祇樹給孤獨園，與大比丘衆千二百五十人俱。」一開頭即揭示，舍衛大城裡有一位專門照顧孤兒和獨居老人的人，號稱給孤獨長老，一直想辦法找園子，想提供地方給佛陀講經說法，後來跟祇樹王子有一段淵源，成了兩人共同提供給佛陀講經說法的道場。「爾時，世尊食時，著衣持鉢。入舍衛大城乞食。於其城中，次第乞已。還至本處，飯食訖，收衣鉢。洗足已，敷座而坐。」經文提到正是到要吃飯的時間，於是佛陀穿衣持鉢入城乞食，每一家每一戶，不計貴賤貧富美醜，只依照順序一一乞食。

這是平等心，讓每一個有心布施的民衆都能擁有施予的機會，並領受著僧人誦經祝福的回饋。最後還是得還至本處，吃好飯，收好衣鉢，把腳洗乾淨了，敷座而坐後才開始爲學生講課。一切無不是，好好吃飯，好好穿衣，回歸到生活的功課。瀏覽花花世界後，即便曾經滄海難爲水，除卻巫山不是雲，最終仍是得還至本處，回到最原初身心所在的自性上，不在外、不在內、不在特定的地方。唯有在心靈的活泉水上領受覺悟，才是眞正的學習。

須菩提向他的導師詢問，也問出了我心中最大的疑

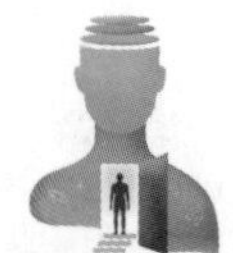

問，「應云何住，云何降伏其心？」人生在世，如何安住我們的心？如何降伏安住我們不安定的心，致使能不驚、不怖、不畏呢？誦讀著經文，總讀其聲而不明其意，心裡總想著就像以前唸書一樣，一開始不會的話，就先唸著背著吧！搞不好總有一天就可以理解了。因此仍是囫圇吞棗般地誦經。然而這個問題始終在我內心裡面，「應云何住，云何降伏其心？」人有可能隨著佛經、精神分析、或是閱讀文學而有所改變嗎？

隨著年歲增長，我領悟到，人何以能不驚、不怖、不畏了。重點不是我，而是眼前的那個人。縱使外在環境如何喧囂吵鬧，當我心無旁騖專心致力於讓眼前的人感到安心，我也會感到心安。當我將專注力的皓光放在眼前最重要的人、事、物上，外界時光也會變得轉瞬即逝，時常都有山中方七日，世上已千年的感嘆。瞬間我明白時間是一種感知，好比小時候總是覺得時間過得很慢，到底何時才能長大，長大後卻又時常感嘆一切變化太快，稍縱即逝！

我思索，若能在做每一件看似螺絲釘一般小的事情上，都身到心到，每一件事都全力以赴，認眞地去做，然事無大小，有心則靈，承事無空過，就剎那即永恆了吧！倘若手曾握過無限，怎會計較得失，倘若曾感受過專注力的皓光，橫出通往過去、現在與未來的橋樑，觀察到一個人一生的組合如同恆河沙的組成，每一細沙的世界中，一沙一世界，一花一天堂，那麼恆河沙數無量無邊乃至算數譬喻所不能及的數量與相對應的回憶都盡在其中，又怎還會有所埋怨呢？

「過去心不可得，現在心不可得，未來心不可得。」我曾到過野外某一個看日落的景點，那時走入山谷，看著陽光從樹枝葉背上像燙金般灑落森林，從森林中聞到芬多精的香氣，耳朵聽到的是滿山滿谷蟲鳴鳥叫，通體舒暢，就像是被瀑布洗禮般地舒服，心裡想著下次一定要再去這個地方。

一年後我刻意一定要再去同一個地方旅遊，但當我到了那裡，驚訝地發現，一切跟以前不一樣了，那片森林看似絲毫無改，但細看又有些比一年前開得更大的樹葉，陽光沒有像記憶中吻合地灑進去樹林的角度，也沒有一年前相同的蟲鳴鳥叫聲！跟一年前的印象相比，舊地重遊的我，領受著桃花依舊，卻感受迥異的衝擊感，一年前與一年後兩條不同的時間軸線，歷歷在目地震撼著我！

六祖惠能大師因聽到五祖弘忍大師傳授其「應無所住而生其心」因而大徹大悟，五祖弘忍大師遂將衣缽傳給六祖惠能大師，囑其廣度有情，將心法流傳後世。然而六祖惠能大師是目不識丁的，是否因爲目不識丁，故能打開

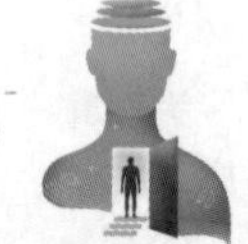

心靈的眼睛，而能勘破執著，大徹大悟呢？而我冀望挽回去年的時光，是否也是一種「住」呢？因爲「住」於記憶，執著於過去，而無法好好領受眼前這片已隨光陰遞嬗而有所改變的森林，無法用未知等待新生的降臨，我在衝擊間，也學習用全新的眼光看待眼前這片森林，就好比重新從另一個角度認識一個人，同時也照見領略這一切的自己。

想起精神分析師比昂所提的「無憶與無欲」的重要性，如果一個人囿於過去所記得的經驗裡，沒有空間更新資訊，彷彿裝滿水的瓶子，因爲已經滿水了，沒有空間再領受從另一個人心靈活泉水的灌注，如何從一片渾沌中形成新的一個風景呢？因此治療師不讓過去的記憶來影響眼前正在進行的治療，不讓自己的欲望干擾病人流向成爲自己的方向。突然間我明白爲何古希臘哲學家赫拉克利特說「人不能踏過同一條河兩次」，因爲無論是這條河也好，這個人也罷，都已經跟前一刻不同，「凡所有相，皆是虛妄」，所謂的「現在相」也是虛妄。

再次回來，時間不同了，樹林不同了，而我也不同了。每次進去風景之後，再回來的那個點，也不會是原本的起點了，因爲每次心靈的旅行都有獨特屬於該次經歷與收藏，而所謂的「本處」，是否也是一種動態過程，不斷認識每一部分的自己，也不斷合成屬於自身獨特的風景，會不會這就是所謂的「Transformation in O」呢？

「無我相、無人相、無衆生相、無壽者相」早期台灣農業社會的女性小小年紀便已成婚，早早褪下少女的外衣，穿著婦女的裝扮，整日穿梭在辛勤工作、哺育幼兒照顧與打理家務之間，幾近三、四十載的時光。親戚偶然地打開舊照片，感嘆著母親早不再是小姐打扮，而我明白是母親默默地付出青春，換來我的成長。

所以當年的少女相，後來的母親相，直到老年的阿嬤相，都是各式各樣的色相，哪一個「相」才是眞的原本的那個人呢？還是沒有一個「相」可以完全比擬呢？若每一個人都能打開所有框架，不再需要爲各種角色所囿，認識自己的每一部分，重回本眞，還至本處，就可以找回初生的自己了嗎？如果在心理治療裡頭，我們有機會協助病人重新打開囿於自身的框架，認識每一部分的自己，是否就有一個機會，給予他看待這個世界與自己的全新可能性？

陳婉容

諮商心理師

臺灣精神分析學會推薦治療師

臺灣精神分析學會準會員

涵容心理諮商所所長

大休息心理諮商所兼任心理師

中山醫學大學身心健康中心專兼任心理師

附錄一

文學、佛經與精神分析工作坊

【薩所羅蘭】精神分析的人間條件12（以線上視訊方式）

2023.03.19文學、佛經與精神分析（以文會友《臺灣精神分析學會》的朋友）

《各位先生，天亮了！：喝醉的字在O裡散步應無所住的心》

喬伊斯的《芬尼根守靈夜》、《金剛經》和Bion（以Rudi的Reading Bion裡關於O與Transformation爲主）

註：喬伊斯的《芬尼根守靈夜》，梁孫傑譯，書林出版社。

計劃如下：

1. 各位主要報告者每人各評論評我們的某一篇文章（每篇約六千字），會希望至少在活動前兩周放進共筆，不過可能會晚些完成，因此請與談人可以就先依材料先書寫約二千。
2. 工作坊討論型式是，每場的論文作者十五分鐘，接著與

談人簡報十五分鐘，接下來請所有人一起討論。每場次有約20分鐘的自由討論，討論過程會錄音，事後來處理成文字，再請發言者修改。

3. 會先將預寫的文字整理成一本書來出版。至於會場時的錄音變成文字需時間，也要再修正則看相關結果再來處理，看如何出版事宜。錄音要出版前，一定會再請各位發言者再看修改後才會出版。
4. 預計是一天有八場，每場約五十分鐘，與談人談論其中兩場，但期待你全程參加，並參與所有場次的討論。場次安排請看後續內容。請各位以自由的心情和態度，來自由的發言。
5. 我們會建構一個共同的臨時群組做會前的討論用，另也會建構一個google word的共享內容會放一些文獻，參考的文獻就只是參考，你能看多少都是可以的，發言不必然限在Winnicott的論點，來自由地交換想法才是主要目的。
6. 我們不必是以小說或Bion專家的方式來進行，讓我們可以交流討論各自的臨床經驗和想法。也不必然限定在Bion的論點。我們期待是，大家可以更自由的依著自己的經驗來想像和交流，我們也相信這些想法都有這時代的價值，值得變成文字而保存下來。

上午：（主持人：蔡榮裕）

報告人：王明智、陳瑞君、陳建佑、王盈彬。

與談人：蔡文瑞、李芝綺、許瑞琳、翁逸馨。

下午：（主持人：王盈彬）

報告人：黃守宏、劉玉文、劉又銘、蔡榮裕。

與談人：徐溢謙、郭淑惠、莊麗香、蔡昇諭。

1. 08:40-09:30　經讀閱驗：

   夢幻泡影，住進一場夢裡解決人生裡的閱讀經驗。

   （王明智心理師　與談人：蔡文瑞心理師）

2. 09:30-10:20　復而活死：

   應如是住，災難國度酒歌裡埋伏著經典死而復活。

   （陳瑞君心理師　與談人：李芝綺心理師）

3. 10:20-11:10　思夢的醒：

   不住於相，誰在掌管白天裡散步時刻有醒的夢思。

   （陳建佑醫師　與談人：許瑞琳醫師）

4. 11:10-12:00　迷撲離朔：

   諸相非相，當從表格座標裡走向未知而撲朔迷離。

   （王盈彬醫師　與談人：翁逸馨心理師）

5. 13:30-14:20　形扭變曲：

   燃燈佛所，走出診療室的空間後矛盾的扭曲變形。

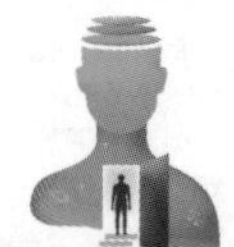

（黃守宏醫師　與談人：徐溢謙心理師）

6. 14:20-15:10　序雜失混：

諸心非心，過去現在未來在時間因緣裡雜混失序。

（劉玉文心理師　與談人：郭淑惠心理師）

7. 15:10-16:00　語實驗言：

如筏喻者，說話裡外出流浪者回頭重新言語實驗。

（劉又銘醫師　與談人：莊麗香心理師）

8. 16:00-16:50　心處用處：

應無所住，當O開始在人世因緣裡隨緣處處用心。

（蔡榮裕醫師　與談人：蔡昇諭醫師）

參考資料：（依場次順序如下）（參考文獻請至這共享裡的「文獻資料處」）

例如：

- 《公案100》聖嚴法師著
- http://www.book853.com/show.aspx?id=147&cid=34
- 佛教與心理治療藝術（河合隼雄，心靈工坊出版）
- 高山寺的夢僧（河合隼雄，林暉鈞譯，心靈工坊出版）
- 《金剛經》可以參考聖嚴法師的講記
- http://www.book853.com/show.aspx?id=138&cid=78
- 另也可以參考一行禪師的《一行禪師講金剛經》（橡樹林出版）

附錄二

薩所羅蘭團隊【薩所羅蘭的山】人員介紹

薩所羅蘭團隊：

【薩所羅蘭的山】

陳瑞君、王明智、許薰月、劉玉文、魏與晟、陳建佑、劉又銘、謝朝唐、王盈彬、黃守宏、郭淑惠、蔡榮裕

【薩所羅蘭的風】（年輕協力者）

彭明雅、白芮瑜、王慈襄、張博健

【薩所羅蘭的山】

陳瑞君

諮商心理師
臺灣精神分析學會會員
臺灣醫療人類學學會會員
臺灣精神分析學會推薦精神分析取向心理治療師
臺灣精神分析學會《台北》心理治療入門課程召集人
松德院區《思想起心理治療中心》心理治療督導
國立臺灣師範大學教育心理與諮商所博士班研究生
聯絡方式：intranspace@gmail.com

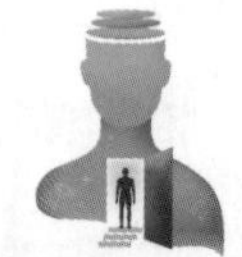

王明智

諮商心理師

臺灣精神分析學會會員

《小隱》心理諮商所所長

臺灣精神分析學會推薦精神分析取向心理治療師

臺灣精神分析學會影音小組召集人

松德院區《思想起心理治療中心》心理治療督導

許薰月

諮商心理師

巴黎七大精神分析與心理病理學博士候選人

劉玉文

諮商心理師

看見心理諮商所治療師

亞洲共創學院總經理／資深職涯顧問

臺灣精神分析學會會員

魏與晟

臺北市聯合醫院松德院區諮商心理師

臺灣精神分析學會會員

精神分析臺中慢讀學校講師

松德院區諮商心理實習計畫主持

國立臺北教育大學心理與諮商研究所碩士

謝朝唐

精神科專科醫師
中山大學哲學碩士
巴黎七大精神分析與心理病理學博士候選人

劉又銘

精神科專科醫師
台中佑芯身心診所負責人
臺灣精神分析學會推薦精神分析取向心理治療師
精神分析臺中慢讀學校講師
聯絡方式：alancecil.tw@yahoo.com.tw

陳建佑

精神科專科醫師
臺灣精神分析學會會員
精神分析取向心理治療師
高雄市佳欣診所醫師
聯絡方式：psytjyc135@gmail.com

王盈彬

精神科專科醫師
精神分析取向心理治療師
臺灣精神醫學會會員
臺灣精神分析學會會員
臺灣精神分析學會《台南》心理治療入門課程召集人

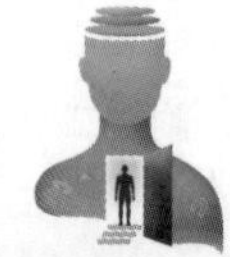

英國倫敦大學學院理論精神分析碩士
王盈彬精神科診所暨精神分析工作室主持人
聯絡方式：https://www.drwang.com.tw/

黃守宏

臺北醫學大學附設醫院精神科暨睡眠中心主治醫師
臺北醫學大學醫學系專任講師
臺北醫學大學學生事務處學生輔導中心主任
臺灣精神分析學會會員
臺灣精神分析學會台北春秋季班講師
松德院區《思想起心理治療中心》心理治療督導
美國匹茲堡大學精神研究中心訪問學者

郭淑惠

諮商心理師
新竹《心璞藝術》心理諮商所所長
精神分析取向心理治療師
臺灣精神分析學會會員
臺灣藝術治療學會專業會員
臺北市立聯合醫院松德院區《思想起心理治療中心》心理治療專業督導
台北市立大學教育學系教育心理與輔導組博士
聯絡方式：xinpu48@gmail.com

蔡榮裕

精神科專科醫師

前松德院區精神科專科主治醫師

臺灣心理治療個案管理學會理事長

臺灣精神分析學會名譽理事長

臺灣醫療人類學學會會員

臺灣精神分析取向心理治療研究會召集人

高雄醫學大學阿米巴詩社社員

松德院區《思想起心理治療中心》心理治療資深督導

聯絡方式：roytsai49@gmail.com

【薩所羅蘭的風】（年輕協力者）

彭明雅

諮商心理師
臺灣心理治療學會秘書
《昱捷診所》諮商心理師
《士林身心醫學診所》合作心理師

白芮瑜

諮商心理師
國立臺灣大學 專任心理師
古意心理諮商所 諮商心理師
臺灣心理治療個案管理學會秘書長

王慈襄

諮商心理師
法務部矯正署臺北看守所 專任心理師
臺北榮民總醫院向日葵學園（兒童青少年日間病房）特教個管老師

張博健

諮商心理師

附錄三

《喬伊斯工作坊》「以文會友」與談人名單介紹

《喬伊斯工作坊》「以文會友」與談人名單

蔡文瑞、李芝綺、許瑞琳、翁逸馨、徐溢謙、郭淑惠、莊麗香、蔡昇諭、陳婉容

蔡文瑞

臨床心理師
臺灣精神分析學會會員
佳欣診所心理師
聖功醫院兼任心理師

李芝綺

臨床心理師
臺灣精神分析學會會員
深藏心理治療所所長
精神分析取向心理治療師

許瑞琳

精神科專科醫師
臺灣精神分析學會會員
台中心身美診所醫師
精神分析取向心理治療師

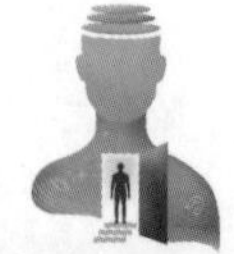

翁逸馨

諮商心理師
臺灣精神分析學會會員／推薦精神分析取向心理治療師
臺灣榮格心理學會臨床會員
正念認知治療訓練講師（英國牛津大學正念中心認證）
臺北市立聯合醫院松德院區《思想起心理治療中心》心理治療專業督導
臺北市政府市民心理諮詢站特約心理師
曾任新北市立聯合醫院精神科心理師

徐溢謙

享受美光心理治療所臨床心理師
財團法人彩色盤教育基金會特約臨床心理師
特殊教育專業團隊臨床心理師
臺灣精神分析學會準會員
ACP中華國際人才培訓與發展學會認證資深園藝治療師

郭淑惠

諮商心理師
新竹《心璞藝術》心理諮商所所長
精神分析取向心理治療師
臺灣精神分析學會會員
臺灣藝術治療學會專業會員
臺北市立聯合醫院松德院區《思想起心理治療中心》心理治療專業督導
台北市立大學教育學系教育心理與輔導組博士
聯絡方式：xinpu48@gmail.com

莊麗香

諮商心理師

臺灣精神分析學會會員

《看見心理諮商所》諮商心理師

《鉅微顧問管理公司》特約心理顧問

臺灣精神分析學會推薦精神分析取向心理治療師

蔡昇諭

精神科專科醫師

臺灣精神分析學會會員

新竹臺大分院生醫醫院精神科主治醫師

陳婉容

諮商心理師

臺灣精神分析學會推薦治療師

臺灣精神分析學會準會員

涵容心理諮商所所長

大休息心理諮商所兼任心理師

中山醫學大學身心健康中心專兼任心理師

國家圖書館出版品預行編目資料

各位先生，天亮了！：喝醉的字在O裡散步應無所住的心/王明智, 蔡文瑞, 陳瑞君, 李芝綺, 陳建佑, 許瑞琳, 王盈彬, 翁逸馨, 黃守宏, 徐溢謙, 劉玉文, 郭淑惠, 劉又銘, 莊麗香, 蔡昇諭, 陳婉容, 蔡榮裕合著. --初版.--臺北市：薩所羅蘭分析顧問有限公司，2023.11
面； 公分---【薩所羅蘭】精神分析的人間條件 12
ISBN 978-626-97100-8-9（平裝）
1.CST: 精神分析學
175.7　　112013087

【薩所羅蘭】精神分析的人間條件 12

各位先生，天亮了！：
喝醉的字在O裡散步應無所住的心

作　者　王明智、蔡文瑞、陳瑞君、李芝綺、陳建佑、許瑞琳、王盈彬、翁逸馨、黃守宏、徐溢謙、劉玉文、郭淑惠、劉又銘、莊麗香、蔡昇諭、陳婉容、蔡榮裕
校　對　張博健、白芮瑜
發行人　陳瑞君
出版發行　薩所羅蘭分析顧問有限公司
106480 台北市大安區復興南路二段285號3樓之1
電話：0928-170048
設計編印　白象文化事業有限公司
專案主編：陳嫜婷　經紀人：張輝潭
經銷代理　白象文化事業有限公司
412台中市大里區科技路1號8樓之2（台中軟體園區）
出版專線：（04）2496-5995　傳真：（04）2496-9901
401台中市東區和平街228巷44號（經銷部）
購書專線：（04）2220-8589　傳真：（04）2220-8505
印　刷　基盛印刷工場
初版一刷　2023年11月
定　價　350元